RECVEIL
DE TOVTES LES
PIECES FAITES PAR
Theophile, depvis
sa prise iusques à present.

Ensemble plusieurs autres pieces faictes par ses amis à sa faueur, & non encores veuës.

Auec vne Table où sont mises les pieces toutes par ordre, comme il se peut voir en la page suiuante.

M. DC. XXIV.

TABLE DES PIECES
contenuës en ce Recueil.

PIECES DE THEOPHILE.

Plainte de Theophile à Tircis.	1
La Penitence de Theophile.	17
Requeste de Theophile au Roy.	23
Theophilus in Carcere.	38
Apologie de Theophile.	62
Requeste de Theophile à Nosseigneurs de Parlement.	103
Requeste de Theophile à Monseigneur le premier President.	109
Remerciement de Theophile à Coridon.	115
Theophile à son amy Chiron.	121
Priere de Theophile aux Poëtes de ce temps.	124
Remonstrance de Theophile à Monsieur de Vertamont.	131
La Maison de Siluie par Theophile.	217
Lettre de Theophile à son frere.	275

ã ij

PIECES DES AMIS DE THEOPHILE.

Compassion de Philothee aux miseres de Theophile. 133

Responce de Tircis à la plainte de Theophile prisonnier. 140

Les souspirs d'Alexis. 154

Consolation à Theophile en son aduersité. 171

Les larmes de Theophile prisonnier. 181

Responce à la Penitence de Theophile. 197

Responce à la priere de Theophile par les Poëtes. 203

Thyrsis à l'affligé Alexis, ou à Theophile penitent. 209

L'IMPRIMEVR
AV LECTEVR.

AMY LECTEVR, quelques vns vous ont defia voulu faire monftre d'vn Recueil des pieces faites par Theophile depuis fon emprifonnement : Mais voyant qu'ils ne vous ont prefenté qu'vn ramas & vne rapfodie d'vn tas de difcours mal digerez. I'ay voulu fuppleer à leur deffaut, comme eftant feul auquel les vrayes pieces dudit Theophile ont efté communiquees.

I'euffe encore creu vous faire tort, fi ie ne vous euffe fait part d'autres excellétes pieces, parties dela plume d'autres beaux efprits, qui fymbolifans auec luy en merite, ont auffi vne mefme fympathie d'humeurs

& ressentiment de sa calamité, laquelle ils deplorent.

C'est pourquoy ie vous prie de ietter les yeux dessus, sur l'asseurance que ie vous donne, qu'il n'y a rien en tout ce Recueil de falsifié; vous y verrez toutes les pieces qu'il a faites depuis sa prise iusques à present.

A THEOPHILE.

IL semble que la honte
Ait contraint tes amis
De ne faire aucun compte
De ce qu'ils t'ont promis.

Et que comme l'enuie,
T'a fait croire vn peruers
L'on ait blasmé ta vie
Pour effacer tes vers.

Mais ils ont l'assistance
De tous les bons esprits
Qui par leur resistance
Augmenteront leur prix.

Si le sort t'est perfide
Tu ne peux t'en aigrir,
Bien moins qu'vn Aristide
Qui le voulut souffrir.

LA PLAINTE DE THEOPHILE A SON AMY TIRCIS.

Tircis tu cognois bien dans le mal qui me presse
Qu'vn peu d'ingratitude est iointe à ta paresse,
Tout contre mon brasier ie te voy sommeiller,
Et sa flamme & son bruit te deuroit esueiller.
Tu sçais bien qu'il est vray que mon procez s'acheue,
Qu'on va bien tost brusler mõ pourtraict à la Greue,

A

Que desia mes amis ont trauaillé sans
  fruict
A preuenir l'horreur de cest infame bruit,
  Que le Roy me delaisse, & qu'en ceste
  aduenture
Vne iuste douleur, doit forcer ma nature:
Que le plus resolu ne peut, sans souspirer
Entendre les ennuys ou tu me vois durer.
  Sache aussi que mon ame est presque
  toute vsee,
Que Cloton tient mes iours au bout de sa
  fuzee!
Qu'il faut que mon espoir se rende à mes
  malheurs,
Et que mon iugement, me conseille les
  pleurs,
  Si mon mauuais sort a finy la duree
De la saincte amitié que tu m'auois iuree,
Comment, suiuant le cours du naturel
  humain,
Tu me vois tresbucher sans me donner la
  main,

Pour le moins fay semblant d'auoir vn
 peu de peine
Voyant le precipice où le Destin me
 traisne,
Afin qu'vn bruit fascheux, ne vienne à
 me blasmer
D'auoir si mal cogneu qui ie deuois
 aymer.
Damon qui nuit & iour pour esuiter
 ce blasme
S'obstine à trauailler & du corps & de
 l'ame,
M'asseure pour le moins en son petit se-
 cours
Que sa fidelité me durera tousiours.
 Il ne tient pas à luy que l'iniuste li-
 cence
De mes persecuteurs, ne cede à l'inno-
 cence:
Il fait tout ce qu'il peut pour escarter de
 moy
Les perils qui me font examiner ta foy.
A ij

Sans eux ie n'aurois veu iamais ton
　　ame ouuerte,
Tousiours ta lascheté m'auoit esté cou-
　　uerte,
L'excez de mon malheur, n'est cruel qu'en
　　ce point
Qui me dit, malgré moy, que tu ne m'ay-
　　mes point.
　　Si le moindre rayon de la vertu t'es-
　　claire,
Souuiens-toy qu'en ta veuë, dans le soin
　　de me plaire
Et qu'auant la disgrace ou tu me vois
　　soubmis
Tu faisois vanité d'estre de mes amis.
　　Regarde que ton cœur se lasche &
　　m'abandonne
Dés le premier essay que mon mal heur
　　te donne:
Et que tu sçay mon sort n'estre auiour-
　　d'huy batu

Que par des trahisons qu'on fait a ma
 vertu.
Toy mesme qui me vois au fond de
 ma pensee,
Qui sçais comme ma vie s'est cy-deuant
 passee,
Et que dans le secret d'vn veritable amour
Mon esprit innocent, s'est peint cent fois
 le iour.
Tu sçay que d'aucun tort, ton cœur ne
 me soupçonne,
Que ie n'ay ny trompé, ny fait tort à per-
 sonne.
Que depuis m'estre instruit en la Romai-
 ne Loy,
Mon ame dignement à senty de la Foy.
Et que l'vnique espoir de mon salut se
 fonde
En la croix de celuy qui racheta le
 monde:
Mon cœur se porte là d'vn mouuement
 tout droit,

Et croit asseurement ce que l'Eglise croit.
Bien que des imposteurs, qu'vne aueu-
gle ignorance
S'oppose absolument aux libertez de
France;
Fassent courir des bruits que mon sens
libertin
Confond l'Auteur du monde auecque le
Destin.
Et leur impertinence a fait croire à des
femmes
Que i'estois vn Prescheur à suborner les
ames
On dit pis de ma vie, on parle plus de
moy,
Que si i'auois traité d'exterminer la Loy
On fait voir en mon nom des odieuses
rithmes,
Pour perdre vn innocent, & professer des
crimes,
Ils ont fait sous mes pas des vœux de tou-
tes parts,

Ont eu des espions à guetter mes regards,
   Ont destourné de moy ceux dont les
     bons genies
Tenoient auecque moy leurs volontez
   vnies,
Ils ont auec Satan contre moy practisé,
A force de mesdire ils m'ont desbatisé.
   Sans autre fondement qu'vne enuieu-
     se rage,
Contre des passe-temps où m'a porté mon
   aage.
Vn plaisir naturel, où mes esprits enclins
Ne laissent point de place à mes desirs
   malins.
   Vn aduertissement qu'on doit permet-
     tre à l'homme,
Ce que sa saincteté ne permet pas à Rome
Car la necessité que la Police suit,
Punissant ce peché ne fait pas peu de fruit.
   Ce n'est pas vne tache à son diuin
     Empire,
Car tousiours de deux maux faut euiter
   le pire

Encore ay ie vn defaut contre qui leur
  abboy
Esclatte autrement: C'est Tircis que ie voy.
  Ils pensent que le vin soit le feu qui
  m'inspire
Ceste facilité, dont tu me vois escrire:
Et qu'on ne me sçauroit ouïr parler Latin,
Si ce n'est que ie sois à la Pomme de Pin.
  Ils croyent que le vin m'ayant gasté
  l'haleine
A plus fait de bourgeons qu'on n'en peint
  à Silene,
Ie croy que ma desbauche, en ses plus
  grands efforts,
Ne m'empescha iamais ny l'esprit, ny le
  corps.
  Mes plus sobres repas meritent des
  censures,
Partout ma liberté ne sent que des mor-
  sures.
Il est vray que mon sort en cecy est mau-
  uais,

C'est

C'est que beaucoup de gens sçauent ce que
ie fais.
Quelques lieux si cachez, ou mon
peché se niche,
Aussi tost mon peché au carrefour s'af-
fiche:
Par tout où on me void ie suis tousiours
à nu.
Tout le crime que i'ay, c'est d'estre trop
cognu.
Que malgré ma bonté, ceste gloire le-
gere
D'auoir vn peu de bruit, ma cause de misere
Que mon sort estoit doux s'il eust coulé
mes ans,
Où les bords de Garonne ont les flots si
plaisans!
Tenant mes iours cachez dans ce lieu
solitaire,
Nul que moy ne m'eust fait, ny parler ny
me taire,
A ma commodité i'aurois eu le sommeil,

B

A mon gré t'aurois pris & l'ombre & le
soleil.
Dans ces valons obscurs, où la mere
Nature
A pourueu nos troupeaux d'esternelle
pasture
J'aurois eu le plaisir de boire a petits traits,
D'vn vin clair, petillant, & delicat, &
frais.
Qu'vn terroir, assez maigre, & tout
coupé de roches
Produit heureusement sur des montagnes
proches
Là mes freres & moy pouuions ioyeuse-
ment,
Sans Seigneur, ny vassal, viure assez
doucement.
Là tous ces mesdisans, à qui ie suis en
proye
N'eussent point enuié, ny censuré ma
ioye,
J'aurois suiuy par tout l'obiect de mes
desirs,

I'aurois peu consacrer ma plume à mes
plaisirs.
Là d'vne passion, ny ferme, ny legere,
I'aurois donné mon feu aux yeux d'vne
bergere,
Dont le cœur innocent eust contenté mes
vœux
D'vn bracelet de chanure, auec ses cheueux.
I'aurois dans ce plaisir si bien flatté
ma vie
Que l'orgueil de Caliste en eust creué
d'enuie
I'aurois peint la douceur de nos embrase-
ments
Par tous les lieux tesmoins de nos em-
brassements.
Et comme ce climat est le plus beau du
monde
Ma veine en eust esté mille fois plus feconde:

B ij

L'aisle d'vn papillon, m'eust plus fourny
 de vers
Qu'auiourd'huy ne feroit le bruit de
 l'Vniuers.
 Et s'il faut malgré moy, que mon es-
 prit se picque
De l'orgueilleux dessein de son poëme
 heroïque,
Il faut bien que ie cherche vn plus libre
 seiour,
Que celuy de Paris, ne celuy de la Cour.
 Si ma condition peut deuenir meil-
 leure,
Que le Roy me permette vne retraite
 seure,
Que ie puisse trouuer en France vn petit
 coin,
Où mes persecuteurs me trouuent assez
 loin.
 Dans le doux souuenir d'estre sorty de
 peine
De quelles gayetez nouriray-ie ma veine?

Lors tu seras honteux qu'en mon ad-
uersité
Ie t'aye tant de fois en vain sollicité.
 D'auoir abandonné le train d'vne
fortune
Qu'il te falloit auoir auec moy commune
Recherche en tes desirs, ores si refroidis
Si tu m'es auiourd'huy, ce que tu fus
iadis.
 Ie t'eusse fait iadis passer les Piren-
nees,
l'eusse attaché tes iours auecque mes an-
nees,
Et conduit tes desseins au cours de mon
Destin
Des bords de l'Occident, iusqu'au flot du
matin.
 Et ie n'ay rien commis, mesme dans
mon courage
Qui te puisse obliger à me tourner visage.
Depuis ie n'ay rien fait, & i'en iure les
Dieux,

Que d'aymer, ô Tircis, tous les iours, vn peu mieux.
Helas! si mon malheur auoit vn peu de crime,
Ma raison trouueroit ta froideur legitime,
Ie me conseillerois, de ne trouuer dequoy
Ie me peusse en mon mal, me venger que de moy.
Vn reste d'amitié fait qu'auiourd'huy i'enrage
De sentir que celuy que ie cheris m'outrage :
Tu voy bien que le sort sans yeux ne iugement
Tourne tes volontez auec son changement.
Dequis mon accident tu m'as trouué funeste,
Tu crois que mon abord te doit donner la peste,

Tu m'accuse par tout où tu me voy blasmer,
Et tu me hay autāt que tu me dois aymer.
Au moins asseure toy, quoy que le temps y fasse
Qu'vn si perfide orgueil n'aura iamais de grace :
Ie voy bien que mes maux acheueront leurs cours,
Qu'vn Soleil plus heureux acheuera mes iours.
Que ma bonne fortune escrasera l'enuie
Malgré les cruautez qui font gemir ma vie:
Au bout du desespoir paroistra mon bonheur,
Toute ceste infamie accroistra mon honneur.
Ce n'est pas aux enfans d'vne commune race

Quelque si grand pouuoir, dont le corps
me menace
Quelque trespas honteux, dont le cruel
dessein
S'agite contre moy, dans leur perfide sein.
Et comme mal-gré moy tu t'es rendu
perfide,
Comme malgré l'honneur, tu t'es monstré
timide
Parmy tous mes trauaux, sçache que
malgré toy
Ie garderay tousiours mon courage &
ma foy.
Et l'obstination de la malice noire
Auec ma patience augmentera ma gloire.

LA PENITENCE DE THEOPHILE.

AViourd'huy que les Courtisans
Les Bourgeois & les artisans,
Et les peuples de la campagne,
Pour noyer les soins du trespas
Passent les excez d'Alemagne
En leur voluptueux repas.

Que le ieu la dance & l'amour
Occupent la nuict & le iour,
Des enfans de la douce vie,
Que le cœur le plus desbauché
Contente la plus molle enuie
Que luy fournisse le peché.

Que les plus modestes desirs
Ne respirent que les plaisirs,
Que les luths par toute la terre
Ont fait taire les pistolets,
Et cacher les Dieux de la guerre

Dans la machine des Balets.

 Mon ieu ma dance & mon festin
Se font auec Sainct Augustin,
Dont l'aymable & Saincte lecture
Est icy mon contrepoison,
En la miserable aduanture
Des longs ennuis de ma prison.

 Celuy qui d'vn pieux deuoir
Employa l'absolu pouuoir
A borner icy mon estude,
L'enuoya pour m'entretenir
Dans ceste estroitte solitude,
Dont il voulut m'entretenir.

 Parmy le celeste entretien
D'vn si beau liure & si Chrestien,
Ie me mesle à la voix des Anges,
Et transporté de cest honneur
Mon esprit donne des loüanges
A qui m'a causé ce bon-heur.

 Ie voy dans ces diuins escrits
Que l'orgueil des plus grands esprits
Ne sert au sien que de Throphee,

Et que la sotte Antiquité
Souspire & languit estouffee
Sous le ioug de la verité.

 Tous ces demons du temps passé,
Dont il a viuement tracé
Les larcins & les adulteres,
Sont moins que fantosmes de nuict
Deuant les glorieux mysteres
Du gran Soleil qui nous reluit.

 Tous ces grands Temples si vantez,
Dont tant de siecles enchantez
Ont suiuy les fameux Oracles,
N'ont plus de renom ny de lieu,
Et desormais tous les miracles
Se font en la Cité de Dieu.

 Grande lumiere de la Foy,
Qui me donnez si bien dequoy
Me consoler dans ses tenebres.
Mon desespoir le plus mordant,
Et mes soucis les plus funebres
Se calment en te regardant.

 Ie ne te puis lire si peu,

C ij

Qu'aussi tost vn celeste feu
Ne me perce au profond de l'ame,
Et que mes sens faits plus Chrestiens
Ne gardent beaucoup de flame
Que me font esclatter les tiens.

 Ie maudis mes iours desbauchez,
Et dans l'horreur de mes pechez,
Benissant mille fois l'outrage
Qui m'en donne le repentir:
Ie trouue encore en mon courage
Quelque espoir de m'en garentir.

 C'est espoir prend à son secours
Le souuenir de tant de iours,
Dont la ieune & grande licence,
Eust besoin des confessions,
Qui chercherent de l'innocence
Pour ses premieres actions.

 Grand Sainct pardonne à ce captif,
Qui d'vn emprunt lasche & furtif,
Porte icy ton diuin exemple,
Pressé d'vn accident mortel,
I'entre tout sanglant dans le Temple,

Et me sers du droit de l'Autel.

 Alors que mes yeux indiscrets
Ont trop percé dans tes secrets,
IESVS m'a mis dans la pensée
Qu'il se fit ouurir le costé,
Et que sa vene fut percee
Pour lauer nostre iniquité.

 Esprits heureux puis qu'auiourd'huy
Tu contemples auecques luy
Les felicitez eternelles,
Et que tu me vois empesché
Des affections criminelles,
De l'obiect mortel du peché.

 Iette vn peu l'œil sur ma prison
Et portant de ton oraison
La foiblesse de ma priere :
Gaigne pour moy son amité,
Et me rends la digne matiere
Des mouuements de sa pitié.

 Ie confesse que iustement
Vn si rude & si long tourment
Voit tarder sa misericorde,

Mais ny ma plume ny ma voix
N'ont iamais rien fait que n'accorde
La douceur des humaines Loix.

 Et puis que Dieu m'a tant aymé
Que d'auoir icy renfermé
Les pauures Muses eſtonnees,
Sous les aiſles du Parlement:
Les meſchans perdront leur iournees
A me creuſer le monument.

 Auguſtin ouure icy tes yeux:
Ie proteſte deuant les Cieux,
La main dans les fueillets du liure,
Où tu m'as attaché les ſens:
Qu'il faut pour m'empeſcher de viure
Faire mourir les innocens.

REQVESTE
DE THEOPHILE
AV ROY.

AV milieu de mes libertez
Dans vn plein repos de ma vie
Où mes plus molles voluptez,
Sembloient auoir passé l'enuie,
D'vn traict de foudre inopiné
Que ietta le Ciel mutiné,
Dessus le comble de ma ioye,
Mes desseins se virent trahis,
Et moy d'vn mesme coup la proye,
De tous ceux que i'auois hays.

   Le visage des Courtisans,
Se peignit en ceste auanture :
Des Couleurs dont les medisants,
Voulurent peindre ma Nature,
Du premier trait dont le malheur,
Separa mon destin du leur,
Mes amis changerent de face,
Ils furent tous muets & sourds,

Et ie ne vis en ma disgrace,
Rien que moy mesme à mon secours.
 Quelques foibles solliciteurs,
Faisoient encor vn peu de mine,
D'arrester mes persecuteurs,
Sur le panchant de ma ruine :
Mais en vn peril si pressant,
Leur secours fut si languissant,
Et ma guarison si tardifue,
Que la Raison me resolut,
A voir si quelque Estrange riue,
M'offriroit vn port de Salut.
 Ie fus long temps à desseigner,
Où i'irois habiter la Terre,
Et sur le point de m'eslongner,
Mille pleurs me fesoient la guerre :
Car le Soleil qui chasque iour
Fait si viste vn si large tour,
Ne visite point de contree,
Où ces Chefs de dissentions,
Ne donnent aysement l'entree,
A quelqu'vn de leurs espions.

Apres

Apres cinq ou six mois d'erreurs,
Incertain en quel lieu du monde,
Ie pourroy r'asseoir les terreurs,
De ma misere vagabonde,
Vne incroyable trahison,
Me fit rencontrer ma prison,
Où i'auois cerché mon Asyle,
Mon protecteur fut mon sergent;
O grand Dieu qu'il est difficile,
De courre auecque de l'argent.

Le billet d'vn Religieux,
Respecté comme des Patantes
Fit espier en tant de lieux
Le porteur des Muses errantes,
Qu'à la fin deux meschans Preuosts
Forts grands volleurs, & tres-deuots,
Prians Dieu comme des Apostres,
Mirent la main sur mon collet,
Et tous disans leur Patenostres
Pillerent iusqu'à mon vallet.

A l'esclat du premier apas,
Esblouys vn peu de la proye,

D

Ils doutoient si ie n'estois pas
Vn faiseur de fausse monnoye:
Ils m'interrogeoient sur le pris
Des quadruples qu'on m'auoit pris
Qui n'estoient pas au coin de France:
Lors il me print vn tremblement
De crainte que leur ignorance
Me iugeast Preuostablement.

 Ils ne pouuoient s'imaginer
Sans soupçon de beaucoup de crimes,
Qu'on trouuast tant à butiner
Sur vn simple faiseur de rimes,
Et quoy que l'or fut bon & beau
Aussi bien au iour qu'au flambeau,
Ils croyoient me voyant sans peine,
Quelque fonds qu'on me desrobat,
Que c'estoient des fueilles de chesne
Auec la marque du Sabat.

 Ils disoient entr'eux sourdement
Que ie parlois auec la Lune
Et que le Diable asseurement
Estoit autheur de ma fortune:

Que pour faire seruice à Dieu
Il falloit bien choisir vn lieu,
Où l'obiect de leur tyrannie
Me fit sans cesse discourir
Du trespas plein d'ignominie,
Qui me deuoit faire perir.

   Sans cordon, iartieres ny gans
Au milieu de dix hallebardes
Ie flatois des gueux arrogans
Qu'on m'auoit ordonné pour gardes:
Et nonobstant chargé de fers
On m'enfonce dans les Enfers
D'vne profonde & noire caue,
Où l'on n'a qu'vn peu d'air puant,
Des vapeurs de la froide baue
D'vn vieux mur humide & gluant.

   Dedans ce commun lieu de pleurs
Où ie me vis si miserable,
Les assassins & les volleurs
Auoient vn trou plus fauorable:
Tout le monde disoit de moy
Que ie n'auois ny Foy ny Loy,

D ij

Qu'on ne cognoissoit point de vice
Où mon ame ne s'addonnat,
Et quelque traict que i'escriuisse
C'estoit pis qu'vn assassinat.

  Qu'vn sainct homme de grand esprit,
Enfant du bien-heureux Ignace
Disoit en chaise & par escrit
Que i'estois mort par contumace,
Que ie ne m'estois absenté
Que de peur d'estre executé
Aussi bien que mon effigie,
Que ie n'estois qu'vn suborneur,
Et que i'enseignois la magie
Dedans les Cabarets d'honneur.

  Qu'on auoit bandé les ressors
De la noire & forte Machine,
Dont le souple & le vaste corps
Estend ses bras iusqu'à la Chine:
Qu'en France & parmy l'Estranger
Ils auoient dequoy se vanger,
Et dequoy forger vne foudre,
Dont le coup me seroit fatal,

En deuſt-il couſter plus de poudre C'eſt la
Qu'ils n'en perdirent à Vvital. maiſon du Roy d'Angle-
   Que le Gaillard Pere Guerin, terre.
Qui tous les iours fait dans la cheſe
Plus de leçons à Tabarin
Qu'à tous les Clercs d'vn Dioceſe,
Ce vieux baſteleur deſguisé,
Comme s'il euſt bien diſpoſé
Et Terre, & Ciel à ma ruine
Preſchoit qu'à peu de iours de là
La Iuſtice humaine & Diuine
M'immoleroit à Loyola.
   Que par le ſentiment Chreſtien
D'vne charité volontaire,
Infinité de gens de bien,
Auoient entrepris mon affaire,
Qu'on eſtoit ſi fort irrité
Qu'en deſpit de la veritté,
Que Ieſus Chriſt a tant aymee,
Pour les intereſts du Clergé,
On me vouloit voir en fumee,
Soudain que ie ſerois iugé.

On employe de par le Roy,
De la force & de l'artifice:
Comme si Lucifer pour moy,
Eust entrepris sur la Iustice,
A Paris soudain que i'y fus,
I'entendois par des bruits confus
Que tout estoit prest pour me cuire,
Et ie doutois auec raison,
Si ce peuple m'alloit conduire
A la Greue ou dans la Prison.

 Icy donc comme en vn tombeau,
Troublé du péril où ie reue,
Sans compagnie & sans flambeau,
Tousiours dans le discours de Greue
A l'ombre d'vn petit faux iour,
Qui perce vn peu l'obscure tour,
Où les bourreaux vont à la queste:
Grand Roy l'honneur de l'Vniuers,
Ie vous presente la Requeste,
De ce pauure faiseur de vers.

 Ie demande premierement,
Qu'on supprime ce grand volume:

Qui braue trop insolemment,
La captiuité de ma plume,
Et que Monsieur le Cardinal,
Apres m'auoir fait tant de mal,
Pour l'amour de Dieu se retienne:
Il va contre la charité
Et choque vne Vertu Chrestienne,
Quand il choque ma liberté.

 Qu'on remonstre aux Religieux,
A qui mon nom semble vn blaspheme,
Que leur zele est iniurieux,
De vouloir m'oster le Baptesme,
Que les crimes qu'ils ont preschez,
Incogneus aux plus desbauchez,
Sont controuuez pour me destruire,
Et sement vn subtil apas,
Par où l'ame se peut instruire,
Au vice qu'elle ne sçait pas.

 Que si ma plume auoit commis,
Tout le mal qu'ils vous font entendre,
La fureur de mes ennemis
M'auroit desia reduit en cendre,

Que leurs escrits & leurs abois,
Qui desia depuis tant de mois,
Font la guerre à mon innocence,
M'auroient fait faire mon procez,
Si dans ma plus grande licence:
Ie n'auois esuité l'excez.

Que c'est vn procedé nouueau,
Dont Ignace estoit incapable:
De foüiller l'air, la terre & l'eau,
Pour rendre vn innocent coulpable,
Qu'autresfois on a pardonné,
Ce carnaual desordonné,
De quelques-vns de nos Poëtes,
Qui se trouuerent conuaincus,
D'auoir sacrifié des bestes
Deuant l'Idole de Baccus.

Qu'à mon exemple nos Rimeurs,
Ne prendront point ce priuilege,
Et que mes escrits & mes mœurs,
Ont en horreur le sacrilege,
Que mon confesseur soit tesmoin,
Si ie ne rends pas tout le soin,

Qu'vn

Qu'vn bon Chreſtien doit à l'Egliſe,
Et qu'on ne voit en aucun lieu,
Qu'vn vers de ma façon ſe liſe,
Qui ſoit au deshonneur de Dieu.

Que l'honneur, la pitié, le droit,
Sont violez en ma pourſuitte,
Et que certain Pere voudroit,
N'auoir point empeſché ma fuitte,
Mais la honte d'auoir manqué
Ce qu'il a ſi fort attaqué,
Demande qu'on m'aneantiſſe:
De peur que me rendant au Roy,
Les marques de ſon iniuſtice,
Ne ſuruiuent auecques moy.

Iuſte Roy protecteur des Loix,
Vous ſur qui l'equité ſe fonde,
Qui ſeul emportez ſur les Roys,
Ce tiltre le plus beau du monde,
Voyez auec combien de tort,
Voſtre Iuſtice ſent l'effort,
Du tourment qui me deſeſpere,
En France on n'a iamais ſouffert,

E

ceste procedure estrangere,
qui vous offense & qui me perd.
　　Si i'estois du plus vil mestier,
qui s'exerce parmy les ruës,
Si i'estois fils de Sauetier,
Ou de vendeuse de Moruës,
On craindroit qu'vn peuple irrité,
Pour punir la temeritté
De celuy qui me persecute
Ne fit auec sedition
Ce que sa fureur execute
En son aueugle emotion.
　　Apres ce iugement mortel
Où l'on a veu ma renommee,
Et mon portrait sur leur Autel
N'estre plus qu'vn peu de fumee,
Falloit-il cercher de nouueau,
Les matieres de mon tombeau,
Falloit-il permettre à l'enuie,
D'employer ses iniustes soins
Pour faire icy languir ma vie,
En l'attente des faux tesmoins.

Mais quelques peuples si loingtains,
Dont la nouuelle intelligence,
Puisse accompagner les desseins,
De leur cruelle diligence,
Que des Lutins, des loup-garoux,
Obeyssans à leur courroux,
Viennent icy pour me confondre,
Dieu qui leur serrera la voix,
Pour mon salut fera respondre,
La Saincte authorité des Loix.

Qui peut auoir assez de front,
Quels fols ont assez de licence,
Pour ne se taire auec affront,
A l'abord de mon innocence?
Et quoy que la canaille ayt dit,
Pour l'argent ou pour le credit,
Dont on leur a ietté l'amorce,
Dans les mouuemens de leurs yeux,
On verra qu'ils parlent par force,
Deuant des Iuges & des Dieux.

O grand Maistre de l'Vniuers,
Puissant autheur de la nature,

E ij

Qui voyez dans ces cœurs peruers,
L'appareil de leur imposture,
Et vous Saincte Mere de Dieu,
A qui les noirs creux de ce lieu:
Sont aussi clairs que les estoilles,
Voyez l'horreur où l'on m'a mis;
Et me deueloppez des toilles,
Dont m'ont enceint mes ennemis.

Sire iettez vn peu vos yeux,
Sur le precipice où ie tombe,
Saincte Image du Roy des cieux,
Rompez les maux où ie succombe,
Si vous ne m'arrachez des mains,
De quelques morgueurs inhumains,
A qui mes maux donnent à viure,
L'Hiuer me donnera secours,
En me tuant il me deliure,
De mille trespas tous les iours.

Qu'il plaise à vostre Maiesté,
De se remettre en la memoire
Que par fois mes vers ont esté
Les Messagers de vostre gloire,

Comme pour accomplir mes vœux,
Encor auiourd'huy ie ne veux
Rauoir ma liberté premiere,
que pour la mettre en ce deuoir
Et ne demande la lumiere,
que pour l'honneur de vous reuoir.

Dans ces lieux voüez au malheur,
Le Soleil contre sa nature,
A moins de iour & de chaleur
que l'on n'en fait à sa peinture
On n'y void le Ciel que bien peu,
On n'y void ny terre ny feu,
On meurt de l'air qu'on y respire,
Tous les obiects y sont glacez
Si bien que c'est icy l'Empire
Où les viuans sont trespassez.

Comme Alcide força la mort
Lors qu'il luy fit lascher Thesee,
Vous ferez auec moins d'effort
Chose plus grande & plus aysee,
Signez mon eslargissement;
Ainsi de trois doigts seulement,

Vous abbatrez vingt & deux portes.
Et romprez les barres de fer
De trois grilles qui sont plus fortes
Que toutes celles de l'Enfer.

THEOPHILVS
IN CARCERE.

VEtus est & procera ædificij moles à primis Parisiensibus (nisi me fefellit æditui fides) in nascentis vrbis propugnaculum extructa, tam densa vi murorum & portarū tuta, vt ipsius (credo) fulminis impetum illæsus carceris aditus valeat eludere : in ea ego turri totos sex menses nocte vnica, vt in Lestrigonum cælo, mihi videor exegisse, adeo hic temporis spatia nullo discrimine diuiduntur, Solis radij perpetua velut eclipsi laborantes, altera tantum hora circa meridiem tentant fallere cæcitatem loci, & per remotissimi foraminis sinuosa concaua tenuissimos effundunt luminis tractus, quauis lucernula pallidiores, reliquis horis minutissima candela tanquam fuscum & fuliginosum Vulcanum velut in cornu conclusum gerit, & in tantam tenebrarum vastitatem, tam exiguam spargit lucem, vt vix illius ope discussa tantisper caligine, possint oculi in salebroso latibulo, gressum dirigere: quam libet autem proximè admota flamma quippiam vel maiusculis caracteribus excussum lectione consequi non minimæ sit operæ, etsi maximè concedatur ampliorem facem in atram adeo obscuritatem accendere, non ferat crassi aëris periculosa temperies: totius enim aut cibi, aut olei pinguiores fumos cum anhelitu ducas necesse est, & siue dormias, siue vigiles non nisi morbidum spiritum haurire queas. Istic autem quidquid videris horridum, quidquid calcaueris sordidum, quidquid attigeris asperum, quidquid comederis fætidum, quidquid biberis gelidum est, & nĕ qua euadenti spe tam ingratæ vitæ molestiæ mihi leniantur, neuè diutissimæ seruitutis tædia etiam irritis ad libertatem conatibus solari possim, in istius arcis cellula duabus supra viginti portis arctata laterê iubeor, è tam sedula custodia quiuis certè validissimus perperam exitum moliatur, dulce tamen est miseris, quamquam falsò ad meliora niti, nihilo seciùs, quam si quis in mari medio,

medio, mergentibus vndis, incaſ-
ſum obluctetur, grauius pereat, niſi
liberis ad natatum membris etiam
diutius mori naufrago concedatur:
eſt enim aliquid liberum de conſe-
quenda libertate cogitare, quod
hic ſolatij nemo ſanæ mentis ſibi
polliceri queat, tam crebris ferro-
rum ſeptis quantumuis anguſtus
denſiſſimi muri aditus clauditur,
ſpiſſo cardine, grauibus peſſulis, in-
numeris clauis, quos melius cuneos
dicas vniuerſa compago tutiſſimè
nectitur, atque in eum modum fer-
ratæ portæ, nullis licet obſeratæ cla-
uibus, & obicibus nullis oppeſſula-
tæ, ſolo pondere vt mole ſua euaſu-
ros inhibere poſſe videantur, dura
ligna, ſurdos lapides, rauca ferra
nullis rimulis cuiuſpiam aut auculis
aut auribus aperta, nulla querela
flectas, nulla arte fallas, nulla vi fran-

F

gas, ipsum puto Iouem incassum per hæc inuia aureos suos imbres emissurum: imminet enim talibus insidiis hic à proxima vicinia nobilissimus totius Galliæ Senatus, rigidus æquitatis vindex, Amplissimi Senatores, Sanctissimi Iudices, quos in celeberrimo Themidis Templo columnas diceres, nisi magis deceret esse Deos, omnibus mortalium technis ingenia diuina supra sût, nullis adulationibus animos intimæ virtutis capias, nullis muneribus munificentissimos homines allicias: sunt enim plerique omnes præclaro genere orti, & quibus iampridem res familiaris Maioribus suis ampla fortunæ securos facit, non auctoritate quàm pietate dignitas maior: Innocentia demum est quæ illorum sibi suffragia vendicat, æquâ lance & obscuris & nobilibus iura red-

dunt, nullo delectu in Patriciorum
aut plebis mores animaduertunt:
sunt illi rerum domini de quibus
tam magnificè sacra pagina præ-
dicat esse Deos, si quidem & lucem & elementa quibuslibet mortalium aut prohibent, aut largiun-
tur: illorum ceruicibus non vt At-
lantis cælum puro aëre & igneis suis
circulis leuissimum, sed tota tellus
tot saxis horrida, tot sentibus hispi-
da, tot aquis turgida, tot grauida
metallis incumbere verè dicitur: illorum nutu quamlibet munitæ pan-
duntur portæ, illorum ope scio
quantumuis alta malorum voragi-
ne tandem emersurum: Vtinam
Iudices, qui me tam diris nomini-
bus apud vos criminatus est Garassus, nosceret & famæ ingenium, &
meum. Illa enim tam ficti quam veri
nuntia, ego verò cætera prauus, illud

F ij

certè veracem esse me & intemeratæ
fidei nemo qui me nouit diffitetur,
non aduertit malè feriatus homo
istam maledicendi licentiam, quâ
me, licet ignotum, tam petulanter
inuadit: non aduertit inquam malè
cautus Calumniator sua ista obtre-
ctandi rabie lædi æquissimorum iudicum integritatem, & tanta falla-
cia susceptis votis malè respondere
furentis animum. Mirum nescire
illum nocendi artem, cui noctes,
diesque insudet, in meam famam
iam à suis primordiis imperitæ tur-
bæ nebulonibus inuisam. Garassus
Imprudens, integris voluminibus
debacchatur, cæco certè consilio &
stilo languido, feruidis adeo irarum
motibus longè impari liceat & for-
tassè nobis tam inuidiosæ calumniæ
debitam vocem rependere. Et ni re-
uerentia morum & Christianæ pro-

bitas veter, quantulacumque est ingenij nostri acies, tot aduersis retusa, tot fracta malis, eam in lethiferas illas tot tuorum animorum minas vbicumque stringere non expanescam: sed Deus meliora! non licet hîc nobis clauum clauo pellere, aut conuiciantibus conuiciari. A pagè, scelus homine Christiano indignum, imo & dum mea se tutatur innocentia, ne tuus error cuiuis pateat, nolui vernaculo sermone tuas ineptias prodere ignauæ plebi, cui tu tantum studes? atque è socijs tuis aliquem hodie, me actore, tui criminis fieri conscium erubesco; sed tua me impulit insania vt sanè loquerer; tua me adigunt mendacia vt vera dicam. Primùm omnium ne in genus meum tibi non cognitum dum cauillaris inutilem operam ludas: scito mihi Auum fuisse Reginæ

Nauarræorum à secretis, patrem à teneris annis quibus decuit sumtibus litteris humanioribus incubuisse; & cum ad Iurisprudentiam animum appullisset, vnâ aut altera tantum orata causa, tumultu bellico à foro Burdigallensi ad nostrates secessit; vbi etiam pace redeunte, rustico otio delinitus, in opimi soli fundo innocentissimos exegit dies. Domus est in ripa Garonæ sita cæteras vicinorum ædiculas satis humili turricula atauis extructa supereminens. Frater illi primogenitus, meus patruus, dum Regi Henrico militat, præfecturam adeptus est non ignobilis vrbis inter Aginnates, Turnonum vocant, ibique diem obiit; quantâ famâ alter otio & litteris, hic labore & armis ad tumulum deuenerint non maximi negocij est percunctari, quam nos tolimus paternam hæreditem, dimidia demum leuca distat ab vbercula quam Portum vocant cui cognomen est à Diua Maria Virgine. Eam domum quam tu Cauponam vocas, Aulici plures atque ij melioris notæ dignati sunt inuisere, & pro tenui nostro prouentu aliquot dies frugaliter excepti saltem immunes abiere. Sed qui ad mores publicos; Cuias ego sim? Num licet è quouis loco ad fortunam surgere? num tibi mea sors tantæ apparet inuidiæ, quem hodie in vinculis, nisi frater foueat & vestiat frigore pereundum sit? Cui neuè ad sudariolum cœmendum à tata fortuna vel leuissimus nummus suppetat? ac ni D. D. Moræus Regius procurator suam Curam tam sæuientibus miseriis interponat, fames hîc quam tu mihi frustra perniciem moliris iam præuertisset, sed quæ tanti Senatus est pietas licet humaniter inhumanitatis tuæ euentus expectare, & quam omnes merito iure iudicum meorum pietatem & fidem prædicant eludere tandem tam vehementis odij perfidos tuos conatus concedetur. Num te quæso tot ac tam pij tui conuentus viri istis si multatibus erudierunt? Num istas in meum Caput sicophantias struis Authore R. P. Seguirando quem mihi ingenij mei & meorum morum notitia semper fecit amicissimum? scilicet neque ille tibi videtur satis sapiens vir bone, quem dum tua te in meos mores vesania, susque decusque raptatum occæcat, falso quodem si bene memini Phocionis nomine Imperitiæ & improbitatis criminaris, rem ausus supra Clementiam omnem insolentem, cum audes pessimis agitatus furiis

tanti

tanti Regis penetrare limina, & virum tanta pietate conspicuum, in cuius sinum Regius animus singulis se mensibus effundit contumeliis tuis fœdare & Regiæ conscientiæ veluti scrinium scelerata linguâ expilare. Quid tibi Episcopus Nannetiarridet? Parum ille fortassis tuâ sententiâ Genium meum agnouit, minus scilicet tuo iudicio cernit in mores hominum: at non ita probi quemadmodum tu deque illo, deque me sentiunt qualecumque poterit vir tantus de fide & probitate mea testimonium per inoffensæ cōscientiæ iura perhibere non cunctabitur, sed receptam adeò venerandissimi Episcopi & fidem & eruditionem indoctissimo Nebuloni suspectam fore non ambigo: quâ technâ refelles Episcopum Bellæum si quo auxilio innocentiæ nostræ pa-

G

trocinari velit, num exprobraturus es, quod interdum verſiculos meos ſacris ſuis Concionibus immiſcuerit? & decerptos opuſculis noſtris floſculos ſermone & ſtilo publico in Chriſtianum orbem ſparſerit? Quid olim culpaturus eras Coeffetellum Maxillenſem Epiſcopum mihi aliqua coniunctione morum, & nonullo homaniorum literarum commercio familiarem? Ille me paulo antequam excederet è viuis in ſuam viciniam vocauerat, vt haberet in procinctu ſtudioſum aliquem cuius in conuictu ſuauiter inter laboris & morbi tædia pius animus relaxaretur. Si quid etiam R. P. Aubigni tuæ ſocietas (ſed quid dixi tuæ? Imo Ieſu & ſui ſociorum) non vltimus honos, ſi quid ille fauentius de me referat non erit etiam tuis odiis inuiſus? Quid præteream R. P. Athanasium (Ecclesiæ Christianæ vtilissimum certè decus) quem inter molliores delicias educatum (vt solent Nobilissimi sui generis adolescentes) seuera pietas à tam culto antiquæ & prædiuitis domus mundo auulsum in humilimas Franciscanorum cellulas deturbauit, cilicij asperitate incultum , nuditate pedum horridum, & ieiunij pertinacia macilentum, ille vt vir probus, ita & erudits. (nam nemo eruditus nisi probus, ô improbè) tanti ingenij vis stupenda, & pietatis feruor incomparabilis plures hæreticos solâ diuini sui laboris impensâ, quam vniuersæ inuictissimi Regis acies tot hominum & nummorum sumptibus expugnauit. Ille ne quid erres mihi in hæreseos tenebroso cæno coliganti primos Ecclesiæ Catholicæ spiritus afflauit, ac semel in hor-

G ij

eo Regio secum spatiantem nihilque serius quam de tam prospera mei mutatione cogitantem adortus est, eo sermone qui & admirationem sui quam plurimam, Catholicæ fidei incredibilem amorem intimis præcordiis effudit. Quidquid ille de me cogitet, quicquid de mea sorte constituat ratum esto, ô Garasse, num refragaris? Quid si inter aduersaria mea crebris epistolis atque omnino scriptis meis Christiani notam reperias? quid in penitioribus meis secretis sine vllo meo consilio retectis aliquamne simulationis speciem commenturus es? Num si tibi è sarcinis meis (iam mecum auctoritate iudicum solui expectantibus) depromatur Chartula quædam cui medici & presbyteri testantis sigillum veritatis fidem facit, ea ego vltima prope periculosi

morbi iniuria consternatus Icht-
chyophagiæ satietatem ægerrimo
stomacho depellerent flagitaui, alio-
qui paratus in eos mortis & futuræ
vitæ confinio potius toxicum sor-
bere quam ouum: an etiam hæc à
me ficta causaberis? O prodigium:
tu me in tam aperta religionis pro-
fessione, tot piorum virorum am-
plexibus Romanæ Ecclesiæ huren-
tem Christianum esse non sinis. Cæ-
terisque omnibus palam spernendæ
fidei me impulsorem esse prædicas
Sycophanta! inuidiosæ tuæ crimi-
nationis probè consei.

quibus iudiciis quo teste pro-
basti?

Nil horum, verbosa & grandis
epistola venit.

Nec diutuis spero latere potest iudices quam prauis artibus in paulo se-
curius otium meum sis grassatus: tu

quam profundas radices egerit innocentia mea exploraturus intima Cauponarum & lupanariurum (Deus faxit ne peiori animo) perlustrati, inspecturus si qua ibi meæ vitæ labes Theophilo vel leue periculum faceret: at vbi non cessit ea perlustratio in quæuis opuscula mea, in quibus multa non mea passim incerta sunt & librariorum errore & fraude tua, ibi tu & auculorum & & ingenij quantulum tibi est intendis curiosam aciem, atque vbi torquere sensum modo & verborum seriem inuertere non sufficit ad calumniam integras meas lineas expungis, tuas reponis, vnde tua crimina meo nomine in lucem eant! siccine iuuat illudere capto? Poterisne ire inficias te in Elegia in Thirsidem, quam etiam ignarus nobis impingis in ro versu qui sic habet:

Et que sa. Saincteté ne punit pas à Rome,

pro dictione, *punit*, à me scriptum prodidisse, *permet*, vt fias turpissimum scelus quod purissimis Musis improperes? Domine Nostre Iesu Christe, ille ne est in societate Iesu calumniator impudens? Cauisti scilicet & qui sequantur & qui præcedant versus aducere ex iis nempe colligitur quantum illius poëto mens, quicunque tandem ille poëta sit, tuis sicophantiis parum congruat, & quam ridicule tuis tutè tricis inuolutum exponas bonorum ludibrio. Cæterum in confuso multis titulis quodam volumine quod in genere Parnassum Satyricum vocant, effinxisti improbissimos aliquot versus qui meum nomen præ se ferrent, atque ita quotquot mortalium aut legere aut audire possunt infensos mihi fecisti: si quis in aliquo Conuentu Theophilum nominat, venit illico in suspicionem Magi: nec defuere mulierculæ quæ mei nominis literas ad philtra valere crediderint. Si quis autem plebeios illos falso mei rumore fascinatos propius vrgeat num aut vultum aut mores aut institutũ vitæ aut patriã meam norint, negant se scire, sed ita Concionari Garassum, ita scribere, cæteros, quamplures etiam sui Cænobij viros probos de me secus sentire. Tu qui me non nosti, pessime, quicunque me norunt optimè de me predicare solent. Rem nouem, ô Garasse, filius Cauponis in celeberrima Galliarum Regis aula annos vltra tredicem enutritus, tot nobilium familiaritate notus, atque aliquo etiam ingenij lumine exteris nonnullus & visus & optatus

tam

tam pestilentum vbique afflarit vitiorum virus, vt vniuerfum Christianum orbem sceleribus suis (si qua tibi fides est) contaminarit, neque de illius moribus aut aliquo delicto apud vllos iudices ante tuam vel minima querela peruenerit, atque à remotissimis Regni finibus vltimo diuini & humani iuris officio sollicitati testes aut voce, aut silentio fatentur Innocentem; Neque tu tibi mediocriter indignaris quod è tam multis tui instat mihi oblatrantibus, nemo sit cuius testimonio damnari queam, scilicet qui tam in turba clamant nihil habent in foro quod dicant. O insana turba, ignauum vulgus, vagi fluctus, cæci turbines, ô vappa, ô spuma rerum, virtutis inimica impotens, ô rerum spuma vitiorum arca, ô clamosa turba, inuidiæ tutissimum

Præsidium, fidissimum calumniæ subsidium, ô fæda turba Garassi præcipuum decus, ignara nugarum vindex. Cæca turba cui nullum nomen nisi,

Fama malum quo non aliud, &c.
& *Tam ficti prauique, &c.*

Et hoc est demum quod tu rectè, quia inconsultò locutus es, in turba Clamor, in foro silentium. Quid ni? Tu ne apud sacras & inconcussas iudicum mentes idem atque in tumultuosæ & profanę turbę cæcis animis fieri posse credidisti ? falleris vehementer, Doctor Turbarum, pace si sapis tanto tuo dedecore me vlterius infectari, sine cuiuis liberum sit de me promere quod compertum habet, tuas nugas si quis protinus, iureiurando ratas non fecerit minitari inferorum pœnam? patere si quid plectendus sum legitimis magistratuum disceptationibus excutiatur, si venia donandus, noli tuis istis turbis offundere nebulas candori legum. At non ita Diuus Macarius qui cum hominem falso mortis crimine damnatum supplicio eripæ suæ pietatis esse duxisset, iudicibus ad perempti tumulum conuocatis in nomine Iesu iussit excitari mortuum, quem vt primâ voce compellauit, illico dehiscente tellure reseratum est sepulchrum, & obstupentibus qui aderant viuus adstitit qui olim decesserat, Rogante Diuo: num is esset patratæ cædis reus quem proximum manebat supplicium, clara voce insontem eum esse prononciauit, ac protinus iussus recumbere, feretro suo sese recondens, obmutuit, instante iudice vt de fonte à mortuo percunctaretur, negauit Diuus, & sat est inquit mihi seruasse innocen-

H ij

tem. Idem & Diuus Francifcus qui à Padua cognominatur pro libertate parentis fui in fimule difcrimen vocati præftitiffe fertur, ea in vitis fanctorum prodita nemo nefcit. Quam fuit illorum tuæ pietati abfimilis, ô Garaffe? quâ illi cura etiam improbos in futuræ pœnitentiæ fpem feruari voluerunt, ea tu & vegetiori in bonorum perniciem incumbis, illi paganorum impotentem fuperbiam humilitate Chriftiana frangere funt è nifi: tu in mediis Chriftianæ fidei Triumphis Iactas te Paganorum fæuitia, & in focietate Iefu calumniantis, id eft Diaboli vicem agis. Sed quid ego mifera inuidiæ tuæ victima, vanis per iftas tenebras planctibus indulgeo. Quia perfecutus eft inimicus animâ meam humiliauit in terra vitam meam, collocauit me in obfcuris ficut mortuos seculi & anxiatus est super me spiritus meus in me turbatum est cor meum. Tu vindictæ meæ longe securus experiri pergis quorsum in miseros extrema petulantia valere possit, ô Garasse, vlterius ne tende odiis, nam vti spero tandem. (Educet dominus de tribulatione animam meam, & in misericordia sua disperdet inimicos meos & perdet omnes qui tribulant animam meam quoniam ego seruus suus sum.) Te si tandem mihi nocuisse pœniteat, me tibi protinus ignouisse non pœnitebit, Vale & si quando videbis sospitem Theophilum ne pigeat amplexari.

Apologie de Theophile.

PVis que la peruerſité de mes amis auſſi bien que celle de mes ennemis me reduit à ce poinct, que ie ne puis eſperer la fin de ma perſecution que de ſon ſuccez, & qu'il ſemble que mon procez ne ſe puiſſe commencer qu'apres que le Pere Garaſſus aura acheué ſes liures ; ie le voy en trop belle humeur d'eſcrire pour me promettre de long temps ma liberté, il trauaille à peu de frais. Car tout le monde contribuë à ſon ouurage, & fait bon marché de ce qu'il eſcrit, pource qu'il le volle, le mal pour luy, c'eſt qui ne deſguiſe pas bien ſa marchandiſe,& que tout ce qu'il apporte ou des viuans, ou des morts, il l'ageance ſi mal, & le produit auec tant d'imprudence qu'on descouure bien ayfement qu'il ne cognoift pas le prix de ce qu'il debite, il nous allegue mille beaux paffages de diuers autheurs, & touche tous les bons endroits des efcriuains anciens & modernes, & n'en entend pas vn, comme le Iacquemar qui fe tient à tous les mouuements de l'horloge, & ne fçait iamais quelle heure il eft. Le Pere ne laiffe pas de fe tenir affidu à fon trauail, & ie trouue qu'il fait bien de ne point efpargner vne fi mauuaife plume que la fienne, ie ne fçay fi c'eft d'enuie ou de charité qu'il me fait l'obiect de fon exercice de mefdifance: car ie croy qu'il eft affez orgueilleux pour s'imaginer que ie dois tirer vanité de fes iniures, comme il eft honorable d'eftre vaincu d'vn braue homme, pource qu'on la combattu; fi le progrez de fes ca-

lomnies ne s'eſtendoit pas plus
auant qu'à la reputation de mes eſ-
crits, ie ſerois bien ayſe de rire de ſa
mocquerie auſſi bien que luy : car
cela eſt plaiſant de voir vn fol qui
croit eſtre ſage, vn Reuerend dan-
cer les mataſſins, & vn bouüier faire
des liures. La premiere coniecture
d'où i'ay pris garde qu'il a l'eſprit vn
peu comique, c'eſt que dans ceſte
*Doctrine curieuſe des beaux eſprits de ce
temps*, il donne à ſon liure le tiltre
des affiches de l'hoſtel de Bourgon-
gne, où l'on inuite les gens à ces di-
uertiſſemens par la curioſité ; Ie
m'eſgayerois des quolibets qu'il a
contre moy, & les prendrois comme d'vne farce : mais la captiuité &
le danger où ſes impoſtures me tiennent me font paſſer l'enuie de me
ioüer : il eſt vray que ie ſuis honteux
du trauail que me donne vne ſi chetiue

tiue besongne, & à moins que d'estre dans le cachot, i'y plaindrois les heures & le papier: car il en faut autant qu'à quelque chose de bon, comme autant de coups de marteaux à battre vn double qu'vne pistole. Pour auoir le plaisir de s'exercer à me nuire, il me fait vn pays, vn pere, & vn mestier à sa poste, il se forge des monstres pour les vaincre, il ne fait que se battre contre des ombres, & controuue tous les iours des crimes à sa fantasie pour en accuser des vers, où ie n'ay iamais songé, i'attends qu'vn iour il m'impute d'auoir commenté sur l'Alcoran, & quoy que tous les phátosmes de ses accusations ne soyent que des marottes, dont il se coiffe luy-mesme à son plaisir, il ne laisse pas d'y passer son temps doucemét, & de trouuer parmy quelques-vns

I

vne sorte d'approbation qui le tient enchanté dās sa frenesie. Les festins des isles fortunees ne sont pas plus ridicules que les delices qu'il trouue à me calomnier en quelques endroits: mais comme il est obscur & malin, il ne m'attaque point sans ietter premierement des nuages au deuant de la p'us claire verité, de mesmes que les sorciers qui font ordinairement leuer les bruines aux plus claires matinees, il desguise si fort mes intentions que souuent les apparences flattent son dessein, il represente tout à faux, mais auec des feintes grossieres, où l'esclat de ses plus viues raisons n'est au fonds que la lueur de ce petit animal qui de loing semble vne estoille, & de pres n'est qu'vn vermisseau. A me voir dans ses liures ie suis plus monstrueux qu'vne Chimere, ce sont les miroüers doubles, où le visage le plus parfait du monde ne trouue en la place de son obiect que des bestes sauuages en autant de formes qu'il plaist aux charlatans, mais rompez la glace, vous desfaites plus de monstres d'vn coup de poing qu'Hercule n'en a iamais tué de sa masuë: si nous ouurons le pacquet du Pere, nous trouuerons qu'il n'a pas grád secret, aussi se deffie-il aucunefois de n'estre pas fin, & se met aux grosses iniures, il m'appelle esprit denaturé, ce coup-là, l'iniure ne vient pas à son sens, car on appelle denaturé celuy qui ayme la cruauté, comme ceux qui preschent tousiours le feu & le sang: ceux qui haissent leurs plus proches, qui sont ingrats à leurs amis, farouches, insociables, qui rechinent aux plus legitimes faueurs dont la nature nous peut obliger, & viuent contre les regles de leur profession, vn Courtisan inciuil, vn pauure orgueilleux, vn Poëte auare, vn Docteur espion, vn Religieux calomniateur, le rebours de toutes ces choses, c'est proprement mon naturel : mais voyons si vostre humeur ne se peut pas mieux assortir à ceste epithete. Vous faites vœu d'obedience, & par l'aueugle orgueil d'vne suffisance insupportable, vous voulez assuiettir les plus grands esprits de la terre, & faire ployer les plus fermes consciences sous l'authorité de vos impostures. Il me semble que c'est contre la nature d'obedience, pour le vœu de pauureté vous vous en acquittez tres-mal : car vostre robbe, vostre logis, & vostre reuenu pourroit bien mettre vn homme vn peu voluptueux, à couuert de la necessité,

& quant aux derniers pour vous estre voüé à la chasteté, & pour auoir ce tiltre sacré de Iesuite, vous allez sans doute contre la nature de vostre profession, dans le soin que vous auez de controuuer les vers de Sodomie, & enseigner publiquement vn si enorme vice, sous couleur de le reprendre, en suitte le Pere Reuerend dit que ie ne fay bien qu'aux choses mauuaises, & nettement qu'aux vilaines; dans la pensee qu'il auoit lors sur mon esprit, si le Pere n'eust esté d'vn naturel chagrin, ou s'il eust eu la mesme opinion pour quelqu'vn de ses fauoris, voicy comment il eust parlé, que cest esprit là trouue quelque chose de bon, mesme dans les meschancetez, & a quelque pureté dans son style, qui cache les ordures des sales imaginations : mais il ne m'a pas trouué digne de cest ornement, quand on void vn homme de qualité grand & bien formé, on dit qu'il est de belle taille, si c'est vn vallet, on dit voila vn puissant cocquin, si peu de faueur que ie merite de sa plume il ne me la donne qu'en me frappant, mais ie le remercie de sa carresse, ie n'ay iamais rien fait n'y bien n'y mal, soit en vilainie, soit en meschanceté, & voicy pour luy rendre son compliment, comme il dit que ie fay bien en meschanceté, & nettement en vilainies, & que le Pere Reuerend affecte de ne me point ressembler; ie confesse qu'il fait mal aux choses bonnes, & sallement aux choses nettes, pour les pensees & les paroles où ie fay, dit i!, horriblement: car pourueu qu'il trouue vne cadence pour vn de ces aduerbes horriblement, abominablement, execrablement il se descharge la bile, & s'espanoüit la ratte, & pense auoir mieux persuadé que par vne demonstration, il croit que la foy d'vn Chrestien est en quelque façon obligee à ses authoritez. Quant aux pensees, dit-il, & aux paroles, c'est horriblement, ie luy responds qu'il me les a supposées, & qu'il a trop de passion pour estre croyable, mesmement en vne cause qu'il a faite sienne, quant aux conceptions, ce n'est pas à luy à les penetrer, Dieu seul voit les mouuemens de nostre ame. Ie croy charitablement que le Pere à de bonnes pensees, mais il à ce mal-heur de ne s'exprimer qu'en impertinence, pour mon style n'en desplaise à sa reuerence, ie ne le voudrois pas changer au sien, il appelle des ieunes gens fraischement sortis de son eschole, ieunes tendrons, germes & bourrees, & pare son style pour les garçons d'vne gentillesse plus que monachale, si les hommes de bon sens prenoient la peine d'examiner ce qu'il escrit, on logeroit bien tost le pere aux petites maisons. I'admire cóme il peut aduanturer ses impertinences auec tant de seureté, en voicy vne bien visible, & presque mescognoissable en vn homme de sa robbe; i'ay escrit qu'il faut auoir de la passion, pour toutes les belles choses, pour les beaux habits, pour les beaux cheuaux, pour la chasse, pour les hommes de vertu, pour les belles femmes, pour des belles fleurs, pour des fontaines claires, pour la musique, & pour autre chose qui touchent particulierement nos sens. Il dit que c'est vne proposition brutalle & contraire à l'Euangile:

uangile: car noſtre Seigneur dit, qu'il ne faut pas regarder vne femme pour conuoiter ſa beauté, Theophile de Viau, dit-il, paſſe bien au delà du deſir: car il va iuſqu'à la paſſion. Le Pere qui n'entend pas le François, ne ſçait pas qu'auoir de la paſſion pour quelque choſe, ſe prend ordinairement pour le ſimple mouuement d'vne legere affection qui nous fait plaire à quelque obiect agreable hors de toute apparéce de conuoitiſe, comme on dit, i'ayme ceſte couleur auec paſſion, ou ceſte ſenteur; Le Pere n'a pas bien conſideré auſſi que i'ay dit ce mot de paſſion generalement pour toutes les belles choſes, & que ſi on le prend auſſi inconſiderement que luy, on entendra qu'auoir de la paſſion pour vne fontaine claire, c'eſt pour

K

paillarder auec elle, qu'aymer la chaste, c'est la conuoiter lasciuement; Vn homme qui a de la passion pour des beaux habits est vn amoureux lubrique des estoffes, & que se couurir du manteau d'vn autre c'est commettre adultere, si le Pere veut garder la signification du Latin au François qui en deriue: il dira qu'vne femme propre est la quatriesme des cinq voix de Porphire, & en suitte de cela vne longue trainee d'absurditez qui se trouuent enchaisnees dans les consequences de ce Docteur. Voicy encor vn flot d'iniures, où il escume auec plus de fureur, il m'appelle Atheiste, corrupteur de ieunesse, & addonné à tous les vices imaginables, pour Atheiste, ie luy responds que ie n'ay pas publié cóme luy *& Lucilio Vanino*, les maxime des impies qui ont esté autant de leçons à l'Atheisme: car ils les ont refutees aussi bien l'vn que l'autre, & laissent au bout de leur discours vn esprit foible, fort mal edifié de sa religió, que sans faire le sçauāt en Theologie. Ie me contente auec l'Apostre de ne sçauoir que Iesus Christ & iceluy crucifié, & où mó sens se trouue court à ce mystere, i'ay recours à l'authorité de l'Eglise, & croy absolument tout ce qu'elle croit. Que pour l'interieur de mon ame, ie me tiens si contant des graces de Dieu que mon esprit se tesmoigne par tout incapable de mescognoistre só Createur, ie l'adore, & ie l'ayme de toutes les forces de mon entendement, & me ressens viuement des obligations que ie luy ay, que pour ce qui paroist au dehors en la reigle de mes mœurs, ie fay professió par-

K ij

ticuliere & publique de Chreſtien Catholique Romain, ie vay à la Meſſe, ie Communie, ie me confeſſe; Le Pere Seguiran, le Pere Athanaſe, & le Pere Aubigny en feront foy, ie ieuſne aux iours maigres, & le dernier Careſme preſſé d'vne maladie où les Medecins m'alloient abandonner pour l'opiniaſtreté que i'auois à ne point máger de viande, ie fus contrainct de recourir à la diſpenſe de peur d'eſtre coulpable de ma mort, Meſsieurs de Rogueneau Curé de ma Parroiſſe & de Lorme Medecin qui ont ſigné l'atteſtation, ſont teſmoins irreprochables de ceſte verité, ie n'allegue point cecy par vne vanité d'hypocrite: mais par la necesſité d'vn pauure accuſé qui ne publie ſa deuotion, que pour declarer ſon innocence, quand à ceſte licence de ma vie que vous pensez rédre coulpable de la corruption de la ieunesse, ie vous iure que depuis que ie suis à la Cour, & que i'ay vescu à Paris, ie n'ay point cogneu de ieunes gens qui ne fussent plus corrompus que moy, & qu'ayant descouuert leur vice, ils n'ont pas esté long temps de ma conuersation, ie ne suis obligé à les instruire que par mon exemple : ceux qui les ont en charge doiuent respondre de leurs desbauches & non pas moy qui ne suis ny gouuerneur ny regent de personne; si ie voulois rechercher la source du desordre, & de la mauuaise nature de beaucoup d'enfans de bonne maison, peut estre que ie vous ferois honte, & à quelques autres que ie ne veux point scandaliser : car ie ne les sçay point coulpables de la fureur dont vous m'auez assailly, à

Dieu ne plaise que ie sois iamais agresseur, ie ferois tort à leur amendement, dont ie croy qu'ils appaisent auiourd'huy l'ire de Dieu par la penitence de leurs fautes ; Pour la troisiesme iniure où vous dictes que ie suis addonné à tous vices imaginables, ie ne suis pas si orgueilleux de me croire incapable de vice, il est vray que i'ay des vices & beaucoup : mais ils sont comme vous auez escrit imaginables & pardonnables. Vous en auez, Pere Reuerend de bien pires, les vostres ne sont pas imaginables : car qui pourroit imaginer qu'vn Religieux fut calomniateur, & qu'vn homme de la Compagnie de Iesvs exerçat le mestier du Diable, qui pourroit imaginer qu'vn Docteur comme vous estes de reputation & d'authorité receuë, eust des gens à gage dans les cabarets, dans les bordels, & dans tous les lieux de desbauche les plus celebres, pour sçauoir en combien d'excez & de postures on y offense Dieu, si vous dictes que c'est pour cognoistre ceux qui y font de la desbauche, on vous reprochera que vous n'auez repris que ceux qui n'en ont point esté: car il y a beaucoup d'apparence en l'affection que vous auez tesmoigné à me corriger, si vous eussiez descouuert quelque tesmoignage de mon peché, vous ne l'eussiez point oublié dans vos liures, où vous en alleguez tant de faux, faute d'en trouuer vn veritable: vous eussiez esté bien aise d'espargner la peine de les controuuer: car vostre esprit de soy n'est pas trop inuentif, qui me fait croire que vous ne m'auez imputé que ceux que la pratic-

que vous a apris, cela encor vous
euſt tenu la conſcience en haleine
pour d'autres crimes : car ie croy
que le remors de l'iniure que vous
me faictes vous diuertit d'vne autre
meſchanceté, tandis que vous eſtes
à me nuire, vous ne faites que cela.
Voyons Pere Reuerend ſi en vn autre endroit voſtre calónie a mieux
reuſſy, vous me reprenez de n'aymer que la bonne chere où ie ne ſuis
point contrainct, & pouſſez tout à
contre ſens le prouerbe de la brebis
qui en beellant pert vn brin d'herbe, l'allegation eſt vn peu populaire,
& de la conception d'vn necesſi-
teux : ceſte contrainte dont ie parle
vous la prenez pour eſtre preſſé
de ſortir trop toſt de table, & que
ie me faſche comme vn affamé,
de n'auoir pas aſſez de loiſir de me
ſaouler, vous allez tout au rebours
de

de mon sens & de ma condition : ie
ne me suis gueres iamais trouué où
ie n'eusse assez de liberté pour les
heures de mon repas, i'ay esté tous-
jours nourry loing de ceste pauureté honteuse, qui laisse au sortir de
la table quelque regret d'auoir
quitté la viande, i'entens par la contrainte des festins, ceste desbauche
opiniastre qui est ordinaire dans le
Pays-bas, où l'on est forcé de manger & de boire plus qu'on ne peut
digerer, ie veux dans ma refection
me garder ma liberté de reseruer ma
bouche à l'appetit ordinaire que la
nature ordonne pour la necessité
de viure, & sans qu'il me faille declarer icy plus ouuertement tout ce
que i'escris deuant ou apres la ligne,
où vous me reprenez, tesmoigne
que dans mes plus grandes licences
i'ayme à me tenir dans vne sobrieté

L

modeste, & que vous estes vn imposteur. Vous auez maintenant vn aduantage, c'est qu'on imprime tous vos liures, & on ne laisse voir rien des miens que ce qu'il vous plaist d'alleguer contre moy, où vous faites comme les couppeurs de bourses qui crient les premiers au larron, & parcourant d'vn œil d'enuie les premices de ma plume, ressemblez aux mouches qui descouure plustost vne petite galle sur vne belle main que le plus bel endroit de tout vn corps. Mais en quelque façon que vous quintessentiez mes escrits, vous n'en tirerez iamais le venin que vous y recherchez, Dieu vueille que celuy qui a plus de pouuoir sur ma vie que vous, trauaille aussi inutilemét en la recherche qu'il fait de mes crimes, & que la peine volontaire qu'il prend à incommoder autruy, rende l'extraict qu'il fait de mes œuures aussi ridicule aux yeux des Iuges, comme mon innocence se promet de le rendre foible à la faueur de ce peu de memoire qu'il a pleu à Dieu me despartir, laquelle comme i'espere, garde encor assez heureusemét la meilleure partie des conceptions, & des termes que ie puis auoir mis au iour depuis six ans ou plus. En vn autre lieu ie remarque vne hardiesse estrange, où l'estourdissement rend vostre haine trop claire, dans certaine Elegie à Tyrsis, incertain que vous estes de l'Autheur, vous l'iniuriez sous mon nom : car quelque mal que vous fassiez vous seriez marry qu'il ne fust pour moy, voicy les vers.

Des plaisirs innocēs où mes esprits enclins
Ne laissent point de place à des desirs ma-
lins.

Ce divertissement qu'on doit permettre à
 l'homme,
Et que sa sainctété ne punit pas à Rome;
Car la necessité que la Police suit
En souffrant ce peché ne fait pas peu de
 fruit.

Apres avoir sappé de tous costez le sens de tous ces termes pour les tordre à la confusion de ce pauure rimeur, vous n'en pouuez tirer qu'vn simple adueu de ceste infirmité naturelle, où l'esprit succombe aux appetits de la chair, & ce peché s'appelle fornication. Il est vray que ce discours est de mauuais exemple, & que le rimeur moins indiscret que vous, n'a pas voulu publier, & comme ceste licence Poëtique ne donne pas par vne censure legitime assez de prise à vostre calomnie, qui en veut tirer vne leçon publique de Sodomie, voicy par où vous allez à voſtre deſſein, vous n'alleguez que ce vers,

Et que ſa Saincteté ne punit pas à Rome,
Là par vne ſubtilité de formation des mots, dont les Grecs ne ſe ſont iamais aduiſez, vous changez punit en permet, & par vne ſurpriſe qui vous embarraſſe dans le ſens contre voſtre deſſein, vous dites que le vice que ſa ſaincteté ne permet pas, ſe doit entendre la Sodomie, comme ſi ſa Saincteté permettoit tous les autres, ô prophane, allez vous porter vos ordures iuſques au ſainct Siege, Dieu me garde de croire que ſa Saincteté permette aucune ſorte de vice, ie croy qu'il eſt le Lieutenant de Dieu en terre pour les abollir, & tous ceux qui en font profeſſion, aduoüez Docteur, que ceſte fauſſeté ſignalee eſt de l'eſtourdiſſement d'vn eſprit à qui la melancho-

lie empefche l'vfage de la raifon, que quand bien quelque falle conception feroit paffee par l'efprit de ce Poëte, quand mefme il l'euft efcrite, le Iefuite Vafquez nous enfeigne que les plus religieux peuuét auoir des penfees abominables qui ne font pas fautes, d'autant que nous n'y perfiftons pas. *Tu vero lector quifquis es falleris qui de fimplicibus verbis mores noftros fpectas feros quidem ifta obfident bonos præterlabuntur.* Les paroles font paroles qui chez les Cafuites ne font pas plus, en cas d'offence, que les fimples penfees; parler de la douceur de la vengeance, n'eft pas affaffiner fon ennemy, faire des vers de Sodomie ne rend pas vn homme coulpable du faict, Poëte & perderaftre font deux qualitez differentes. Vous attaquez encor en vn autre lieu fous mon nom le sage Salomon & l'Apostre S. Paul, de qui i'ay appris que le temperemment du corps, & simplemét le corps mesme est souuent le maistre des mouuemens de l'ame par l'empire que le peché luy donne. Le corps mortel, disent-ils, assomme l'ame, & la traine dans ses desirs charnels, & ie fay le mal, dit S. Paul, que ie ne veux pas faire, & ne fay pas le bien que ie veux faire: mais il faut estre plus sage que Salomon, & plus retenu que l'Apostre S. Paul, pour estre à couuert de vos mesdisances, & voicy comment le sens dont i'ay escrit, trouue de la seureté pour mon innocence. En suitte de cette force que le temperamment du corps a sur les mouuemens de l'ame, ie dis quand il pleut ie suis assoupy, & presque chagrin, ie ne dis pas que quant il pleut ie me trouue disposé à paillarder, iurer ou desrober : car par ceste ame qui se laisse contraindre à la disposition du corps, & qui tient du changement du temps, ie n'entends point l'ame intellectuelle capable de la vertu & du vice, du salut & de la damnation : mais i'entends ceste ame, comme dit S. Augustin, susceptible des especes corporelles, que les Platoniciens ont nommee *spiritualis*, Et quoy Pere Reuerend, vous concluez en me condamnant, que changer d'humeur quant il pleut c'est vne impieté, que si par le tempetamment du corps le mauuais air donne quelque maladie, il nous faut faire exorciser, qu'auoir la fieure, ou la collique par quelque excez corporel, c'est estre obsedé, ô Pere ignorant, la malice vous aueugle. Vous m'imputez encor assez

mal

mal à propos vn vers d'vn certain Sonnet, si vous dites qu'il est imprimé en mon nom ceux qui me cognoissent vous diront que ie n'ay iamais eu assez de vanité n'y de diligence pour les impressions, à ce qu'on me doiue imputer tout ce qui est imprimé comme mien, quelques-vns qui se trompent en l'opinion de mon esprit, sont bien aises de faire imprimer leurs vers en mon nom, & se seruent de ma reputation pour essayer la leur, i'ay songé à ce vers là, depuis l'auoir ouy citer de vostre part, il semble vn peu confus: mais il n'est pas criminel comme vous le dites. Si vn bon zele religieux esleuoit aussi souuent vostre esprit à la meditation de vostre propre misere, comme l'enuie & l'orgueil le precipitent & l'attachent à la recerche des deffauts d'autruy : vous fçauriez mieux que vous ne faites, ou pour le moins ne tairiez pas fi malicieufement le defordre que la rebellion du premier homme a caufé à toute fa pofterité, fçachez don Reuerend Pere, que puis que l'homme s'eft rebellé contre fon Createur : que tout ce qui auoit efté creé pour fon feruice s'eft auffi iuftement rebellé contre luy ; iufqu'à là, qu'il n'y a fi petit mouscheron qui ne tafche venger de fon aifguillon l'offence faicte à fon Createur, & ce ne font pas feulement les animaux qui font la guerre à l'homme depuis fon peché. Mais Dieu pour le punir & pour fe venger, l'a comme abandonné à fon propre fens, par la corruption duquel mille folles paffions comme autant de furies l'affaillent interieurement, l'orgueil, l'ingratitude, la hayne, l'auarice, l'ambition, la concupicence. Bref, l'homme n'a point de soy quelque mouuement en son ame, que par sa propre preuarication il ne le fasse agir contre soy-mesme: Tout cela beau Pere, sont-ce point des marques de la vengence Diuine, il est vray que ceux qui auancent de toute leur force la regeneration que l'esprit de Saincteté a commencé en leur cœur, combattent auec les armes de la foy & de l'esperance, les affections charnelles du peché. Mais pour ce que l'esprit est própt & la chair fragile, combien de fois le plus homme de bien succombe-il en ces combats, voire qui iamais en ce monde en a esté pleinement victorieux, que le fils Eternel de Dieu. Or quand nous pechons, nous ne pouuons auoir recours

M ij

qu'à sa passion, & lors que nous venons à mespriser le fruict qu'elle nous apporte, & que le merite de son sang precieux est offencé par nostre ingratitude. Dieu se venge sur nous par les peines temporelles & eternelles, mais vostre ame qui est aussi noire que vostre habit, n'a iamais esté esclairee de ses considerations, sans doute ce Poëte y estoit plus auant que vous, car ie veux croire de luy charitablement, que se sentant brusler d'vn fol amour, & voyant combien il est miserable d'estre par son peché assuietty aux œillades d'vne maistresse : pour la facilité de ses conceptions, il a eu plustost escrit ce vers que consideré la bien sceance de ses termes, si ceste explication peut estre receuë de ceux qui ne participent point à vostre rage, voyez M.

Garaſſe, combien vous eſtes violent, & ne deſguiſez point du pretexte de pieté, tant de trahiſons que vous faites au ſens commun. Voila à peu pres ce que i'ay peu apprendre de vos calomnies les plus dangereuſes: mais ce n'eſt ny l'intereſt du public, n'y la deſcharge de voſtre conſcience, n'y voſtre zele à mon ſalut, qui vous ont fait vomir tant de fiel ſur mon innocence: car qui croira que vous m'aymiez mieux que Sainct Gelais Eueſque d'Angouleſme, que Philippes Deſportes Abbé du Tiron, que Ronſard, que Rapin, que Remy Beleau, que Larioſte, que le Tace, que Dante, que Petrarque, que Boſcan, que le Marin en ſon Adon; deſquels vous n'auez point recerché les licences. Force gens de bien ſçauent auecque moy ce qui vous a piqué au ieu.

Manet alia mente repoſtum
Detectum crimen & læſa iniuria
famæ.

Mais laiſſons le là, ceſte verité n'eſt pas encore bonne à dire, vous eſtes en droit de me perſecuter: Moy ie ne puis qu'auoüer qu'outre vos ruſes & dexteritez nompareilles, vous auez la force de ceſte apparence pompeuſe qui canoniſe toutes vos actions; Vous vous ſeruez dextrement du Ciel & de la Terre, de la Fortune & du Deſtin, des amis & des ennemis, des hommes & des Anges, des corps & des ames, de la prouidence de Dieu, & de la malice du diable, & faictes vn cahos de tout l'Vniuers pour faire eſclater vos deſſeins; ainſi quelque mine que ie fasse de me deffendre, ie ne laisse pas de songer à mon epitaphe : car ie sçay bien que si vous pouuez quelque chose à ma perte ie suis mort, veu mesmes que vos supposts ont presché ma condamnation, *Expedit vnum hominem tantæ inuidiæ reum mori pro populo, ne tota gens pereat.* Voila comme cestuy-cy faisoit couler ses prophanations à la faueur de l'ignorance publique. Et icy ie ne dis point la dixiesme partie de ce que ie sçay, & ie ne sçay pas la dixiesme partie de la verité; Veu encore qu'vn autre crioit en chefe à gorge desployee. Lisez le Reuerend Pere Garassus, ie vous dis que vous le lisiez, & que vous n'y manquiez pas, c'est vn tres-bon liure : Et dés que ie fus conduit en ceste ville, il orna vn de ses Sermons de ceste equippee, *maudit sois-tu*

Theophile, maudit soit l'esprit qui t'a dicté tes pensees, maudit soit la main qui les a escrites, mal-heureux le Libraire qui les a imprimees, mal-heureux ceux qui les ont leuës, mal-heureux ceux qui t'ont iamais cogneu ; & benit soit Monsieur le premier President, & benit soit Monsieur le Procureur general, qui ont purgé Paris de cefte pefte. C'eft toy qui es caufe que la pefte eft dans Paris : Ie diray apres le Reuerend Pere Garaſſus, que tu és vn beliftre, que tu és vn veau, que dis-je vn veau : d'vn veau la chair en eft bonne boüillie, la chair en eft bonne roftie, de fa peau on en couure des liures, mais la tienne meſchant, n'eft bonne qu'à eftre grillee, auſſi le feras-tu demain, tu t'es mocqué des Moynes, & les Moynes fe mocqueront de toy. O beau torrent

rent d'elloquence. O belle saillie de Iean Guetin ? O passage de S. Mathurin ! faut-il donc point que ie songe à moy, veu que ie sçay que Garassus & ses supposts passent pour Prophetes, veu que ceux qui ne me cognoissent que par vostre recit, m'ont desia confisqué à la parque, veu que ne me pouuant restituer ma reputation, il vous est expedient de me perdre, veu que c'est le seul moyen de vous purger de vos impostures, veu que ma mort semble maintenant plus necessaire que le commencement de ma poursuitte, veu que bien que ie fusse tres-innocent, il faudroit comme vous dites, me sacrifier à la haine publique, c'est à dire à l'effect de vos predications, veu que le tonnerre a trop grondé pour n'amener pas la foudre, veu que tout le monde sçait bien cecy, & que personne ne l'ose dire ; ainsi pour vostre regard tout mon salut est de n'en esperer point. Si vous y pouuez, il faut que ie perisse. Mais Pere charitable, bien que vous soyez le premier mobile de toutes les intelligences funestes qui semblent auoir conspiré ma ruine, vous ne disposez pas absolument des influences de ma vie ou de ma mort, iusques icy graces à Dieu, *in vanum laborauerunt gentes*, toutes vos accusations sont des Chymeres, & des viandes creuses pour des estomachs cacochimes, il faut à cest Auguste Senat quelque chose de plus solide, ses arrests ne sont point escrits sur l'onde, ny executez sur le vent. Ie me console dans les affreuses tenebres de ma prison, me mettant deuant les yeux plustost le deuoir de mes iuges, que le pouuoir de mes ennemis : car ie sçay par vn Echo qui resonne par tout que ce grand de Verdun, l'ame de la Iustice, & chef de cet Auguste Senat, l'ornement de nostre aage, & la merueille de la posterité, n'est pas le nom d'vn homme seulement : mais celuy de l'equité, de qui i'ayme mieux me taire que n'en dire pas assez. Ie sçay que Monsieur le Procureur general est d'vne probité plus qu'inuiolable, dont l'ame zelee au deuoir de sa charge, s'anime mesme contre le soupçon du vice, tant les effects luy sont en horreur ; il n'est pas moins l'asile de l'innocence, que le fleau du crime : & ceste verité que l'enuie mesme ne sçauroit dementir, fait que ie m'esiouys d'auoir pour partie celuy que ie voudrois pour iuge, ie sçai maintenant qu'il est question de ma vie que ce personnage l'examinera par sa passion propre, qui est celle de l'equité, & non par celle qui a coniuré ma perte; il ayme trop son honneur pour donner ses conclusions à l'animosité d'autruy, ie sçay que la prudence tres-accorte du Parlement, tire du puits de Democrite les veritez les plus ocultes, qu'elle penetre dans les obscuritez plus tenebreuses, où le mensonge & l'artifice se cachent, que c'est *summum auxilium omnium gentium,* où l'innocence est asseuree contre les efforts de l'enuie, & les ruses de l'imposture, qu'vn corps si celebre ne peut errer quoy qu'il fasse, puis qu'il fait luy mesme le droit, & n'a pour iurisprudence que le preiugé de ses Arrests, & la lumiere de sa raison. Ce sont icy mes consolations, Reuerend Pere, c'est où ie songe plus souuent qu'à respondre à tant d'iniures que vous auez desgorgées sur iceluy que vous ne cogneutes iamais. Si nous escriuions tous deux en mesme liberté, peut estre vous mettrois-ie aux termes de vous deffendre au lieu de m'attaquer. Il faut que ie subisse la necessité du temps qui vous fauorise. Ne vous estonnez pas que dans vn cachot si serré i'aye trouué de l'ouuerture à faire passer ceste Apologie, ce n'est pas que ie n'y sois gardé fort soigneusement, & que deux fois le iour on ne vienne espier icy iusqu'à mes regards, pour voir si ie ne fay point quelque embusche à ma captiuité : mais Dieu ne veut pas que les hommes puissent descouurir vne voye qu'il me laisse d'escrire les iustes suiets de ma plainte; il me fait ceste grace afin que mon mal-heur ne laiſſe pas pour le moins quelque honte à ma memoire, ou quelque tache à la vie des miens, & que ie teſmoigne au public que mon affliction ne me vient que de voſtre crime, & de mon innocence.

REQVESTE DE THEOPHILE, A NOSSEIGNEVRS DE PARLEMENT.

Celvy qui briseroit les portes
Du cachot noir des troupes mortes,
Voyant les maux que i'ay soufferts,
Diroit que ma prison est pire
Icy les ames ont des fers,
Icy le plus constant souspire,
Dieux souffrez vous que les enfers
Soyent au milieu de vostre Empire?
Et qu'vne ame innocente, en vn corps
    languissant
Ne trouue point de crise aux douleurs
    qu'elle sent.
  L'œil du monde qui par ses flammes,
Nourrit autant de corps & d'ames,

Qu'en peut porter chaque element,
Ne sçauroit viure demie heure,
Où m'a logé le Parlement :
Et faut que ce bel Astre meure,
Lors qu'il arriue seulement,
Au premier pas de ma demeure.
Chers Lieutenans des Dieux qui gouuer-
    nez mon sort,
Croyez vous que ie viue où le Soleil est
    mort ?
Ie sçay bien que mes insolences,
Ont chargé si fort mes balances,
Qu'elles penchent à la rigueur,
Et que ma pauure ame abatuë,
D'vne longue & iuste langeur :
Hors d'apparence s'esuertuë,
De sauuer vn peu de vigueur,
Dans le desespoir qui la tuë :
Mais vous estes des Dieux & n'auez
    point de mains,
Pour la premiere faute où tombent les
    humains.

Simon

Si mon offense estoit vn crime,
La calamité qui m'opprime
Dans les horreurs de ma prison,
Ne pourroit sans effronterie,
Vous demander sa guerison,
Mon insolente flatterie
Feroit lors vne trahison,
A la pitié dont ie vous prie:
Et ce reste d'espoir qui m'accōpagne icy,
Se rendroit criminel de vous crier mercy.

Pressé d'vn si honteux outrage,
Ie cherche au fonds de mon courage,
Mes secrets les moins paroissans,
Ie songe à toutes les delices
Où se sont emportez mes sens;
Ie m'adresse à tous mes complices:
Mais ils se trouuent innocens,
Et s'irritent de mes supplices.
O ciel, ô bonnes mœurs que puis ie auoir
 commis
Pour rendre à mon bon droit tant de
 Dieux ennemis?

O

Mais c'est en vain que ie me fie
A la raison qui iustifie,
Ma pensee & mes actions,
Bien que mon bon droit soit palpable,
Ce sont peut estre illusions,
Le Parlement n'est pas capable
Des legeres impressions
Qui font vn innocent coulpable,
Quelque tort apparent qui me puisse as-
    saillir.
Les Iuges sont des Dieux, ils ne sçauroiët
    faillir.
N'ay-ie point merité la flamme
De n'auoir sceu ployer mon ame
A loüer vos diuins esprits ?
Il est temps que le Ciel s'irrite,
Et qu'il punisse le mespris
D'vn flateur de Cour hypocrite
Qui vous a volé tant d'escrits,
Qui sont deus à vostre merite.
Courtisans qui m'auez tant desrobé de
    iours,

Est-ce vous dont i'espere auiourd'huy du
　　secours?
　　Race lasche & desnaturee,
Autresfois si mal figuree
Par mes vers mal recompensez,
Si ma vengeance est assouuie,
Vous serez si bien effacez,
Que vous ne ferez plus d'enuie
Aux honnestes gens offencez,
Des loüanges de vostre vie.
Et que les vertueux douteront desormais,
Quel vaut mieux d'vn Marquis ou
　　d'vn Clerc du Palais.
　　Et s'il faut que mes funerailles
Se facent entre les murailles,
Dont mes regards sont limitez
Dans ces pierres moins impassibles,
Que vos courages hebetez;
I'escriray des vers si lisibles,
Que vos honteuses laschetez
Y seront à iamais visibles.
Et que les criminels de ce hideux manoir,

N'y verront point d'obiect plus infame
&plus noir.

Mais si iamais le Ciel m'accorde
Qu'vn rayon de misericorde
Passe au trauers de ceste tour,
Et qu'en fin mes Iuges ployables,
Ou par iustice ou par amour,
M'ostent de ces lieux effroyables,
Ie vous feray paroistre au iour
Dans des portraits si pitoyables,
Que vostre foible esclat se trouuera si
faux,
Que vos fils rougiront de vos sales de-
faux.

Mes Iuges, mes Dieux tutelaires,
S'il est iuste que vos choleres
Me laissent desormais viuant:
Si le traict de la calomnie
Me perce encor assez auant,
Si ma muse est assez punie,
Permettez que d'oresnauant
Elle soit sans ignominie.

Afin que vostre honneur puisse trouuer
 des vers,
Digne de les porter aux yeux de l'Vni-
 niuers.

TRES-HVMBLE REQVESTE DE Theophile,

A MONSEIGNEVR le Premier President.

PRiué de la clarté des Cieux
 Sous l'enclos d'vne voute sombre,
Où les limites de mes yeux
Sont dans l'espace de mon ombre,
Deuoré d'vn ardent desir
Qui souspire apres le plaisir,
Et la liberté de ma vie;
Ie m'irrite contre le sort,
Et ne veux plus mal à l'enuie
Que d'auoir differé ma mort.

Pleust au Ciel, qu'il me fut permis
Sans violer les droicts de l'ame
De me rendre à mes ennemis,
Et moy mesme allumer ma flamme,
Que bien tost i'aurois euité
La honteuse captiuité
Dont la force du temps me lie,
Auiourd'huy mes sens bien heureux
Verroient ma peine enseuelie,
Dans vn sepulchre genereux.
 Mais ce grand Dieu qui fit nos loix
Lors qu'il regla nos destinees
Ne laissa point à nostre choix
La mesure de nos annees,
Quand nos Astres ont fait leur cours,
Et que la trame de nos iours,
N'a plus aucun filet à suiure,
L'homme alors peut changer de lieu,
Et pour continuer de viure
Ne doit mourir qu'auecques Dieu.
 Aussi me puis bien vanter
Que dans l'horreur d'vne aduanture

Assez capable de tenter
La foiblesse de la nature:
Le Ciel amy des innocens
Fit voir à mes timides sens
Sa Diuinité si propice,
Qu'encor i'ay tousiours esté
Sur le bord de mon precipice
D'vn visage assez arresté.

 Il est vray qu'au point d'endurer
Les affrons que la Calomnie,
M'a fait si longuement durer,
Ma constance se voit finie
Dans ce sanglant resouuenir,
Celuy qui veut me retenir
Il a ses passions trop lentes,
Et n'a iamais esté battu
Des prosperitez insolentes
Qui s'attaquent à la vertu.

 Mais ô l'erreur de mes esprits
Dans le siecle infame où nous sommes,
Tout ce des-honneur n'est qu'vn prix
Pour passer le commun des hommes,

Combien de fauoris de Dieu
Dans vn plus miserable lieu,
Ont senty de pires malices,
Et dans leurs innocentes mains
Qui n'auoient que les Cieux complices
Receu des fers plus inhumains.

  D'ailleurs l'espine est sous la fleur,
Le iour sort d'vne couche noire,
Et que sçay-ie si mon mal-heur,
N'est point la source de ma gloire?
Vn iour mes ennuis effacez
Dans mon souuenir retracez
Seront eux mesme leur salaire,
Toutes les choses ont leur tour,
Dieu veut souuent que la cholere
Soit la marque de son amour,

  Qui me pourra persuader
Que la Cour soit tousiours charmee,
D'où la peut encor aborder
Le venin de la renommee,
Si VERDVN ouure vn peu ses yeux
Quel esprit vn peu captieux
       Pourra

Pourra mordre à sa conscience:
De quel vent peut-on escumer
Dans ce grand gouffre de science
Pour ny pas bien tost abysmer.

Grande lumiere de nos iours
Dont les proiets sont des miracles,
Et de qui les communs discours
Ont plus de poids que les Oracles,
Saincte guide de tant de Dieux
Qui sur les modeles des Cieux,
Donnez des reigles à la terre,
Dieu sans excez, & sans deffaut
Vous auez çà bas vn tonnerre,
Comme en a ce grand Dieu la haut.

Le Ciel par de si beaux crayons
Marque le fil de vos harangues,
Qu'on y voit les mesmes rayons
Du grand tresor de tant de langues
Qu'il versa par le Sainct Esprit,
Aux Disciples de IESVS CHRIST:
Paris est ialoux que Thoulouse
Ait eu deuant luy tant d'honneur,
P

L'Europe eſt aujourd'huy ialouſe
Que la France ait tout ce bon-heur.
 quand ie penſe profondement
A vos vertus ſi recogneuës,
Mon eſpoir prend vn fondement
qui l'eſleue au deſſus des nuës,
Ie laiſſe repoſer mes ſoins
Les alarmes des faux teſmoins,
Ne me donnent plus tant de crainte,
Et mon eſprit tout tranſporté
Au milieu de tant de contrainte,
Gouſte à demy ma liberté.

 C'eſt de vous ſur tous que i'attends
A voir retrancher la licence
 qui fait habiter trop long temps
La crainte auec l'innocence;
Et quand tout l'Enfer reſpandroit
Ses tenebres ſur mon bon droit
Ie ſçay que voſtre eſprit eſclatte,
Dans la plus noire obſcurité,
Et que tout l'appas qui vous flatte
C'eſt la voix de la verité.

Mais ô l'honneur du Parlement,
Tout ce que i'escry vous offence
Puis qu'escrire icy seulement
C'est violer vostre deffence,
Mon foible esprit s'est desbauché,
A l'obiect d'vn si doux peché
Et croit sa faute legitime,
Car la vertu doit aduoüer
Qu'elle mesme est pis que le crime,
Si c'est crime que vous loüer.

REMERCIMENT DE
Theophile à Coridon.

FILLES du souuerain des Dieux,
Belles Princesses toutes nuës,
Qui foulez ce mont glorieux
Dont la Vertu touche les nuës,
Cheres germaines du Soleil
Deuant qui la sœur du sommeil

Void toutes ses fureurs captiues,
Descendez de ce double mont
Et ne vous monstrez point retiues
Quand le merite vous semond.
 Derechef pour l'amour de moy,
Sainctes filles de la memoire,
Si vous auez congé du Roy
D'interrompre vn peu son histoire,
Suiuez ce petit traict de feu,
Dont vostre frere perce vn peu
L'obscurité de ma demeure;
Deesses il vous faut haster,
Le Soleil n'a que demie-heure
Tous les iours à me visiter.
 Mais quel esclat dans ce manoir
Chasse l'obscurité de l'ombre,
D'où vient qu'en ce cachot si noir
On ne trouue plus rien de sombre?
Inuisibles Diuinitez
Qui par mes importunitez
Estes si promptement venuës,
Dieux ! que me diray-ie content,

De vous auoir entretenuës
Malgré ceux qui m'en veulent tant.
  Dites moy, car c'est le suiect,
Pour qui ma passion vous presse
Quel doit estre auiourd'huy l'obiect
De vostre immortelle carresse,
Faites que vos diuins regards
Le cherchent en toutes les parts
Où mes amitiez sont allees,
Ha! qu'il paroist visiblement,
Muses vous estes appellees
Pour Coridon tant seulement.
  Est ce vous le seul des viuans
Qui n'auez point perdu courage
Pour la fureur de tant de vents,
Qui conspirent à mon naufrage,
Vous seul capable de pitié,
Qu'vne si longue inimitié
Contre moy si fort obstinee,
N'a iamais encor abatu
Et qui suiuez ma destinee
Iusqu'aux abois de ma vertu?

Et tant de lasches Courtisans
Dont i'ay si bien flaté la vie
Contre moy sont les partisans,
Ou les esclaues de l'enuie,
Auiourd'huy ces esprits abiects
Ployent à tous les faux obiects,
Que leur offre la calomnie,
Et n'ose d'vn mot seulement
S'opposer à la tyrannie
Qui me creuse le monument.
    Ce ne sont que mignards de lict,
Ce sont des courages de terre,
Que la moindre vague amolit
Et qui n'ont qu'vn eclat de verre,
Ce n'est que molesse & que fard
Leur sens, leur voix, & leur regard,
Ont tousiours diuerse visee,
Et pour le mal & pour le bien
Ils ont vne ame diuisee,
Qui ne peut s'asseurer de rien.
    Ces cœurs où l'ennemy de Dieu
A logé tant tant de perfidie,

Qu'on n'y sçauroit trouuer de lieu
Pour vne affection hardie,
Ils n'ont iamais d'amy si cher
Que sa mort les puisse empescher,
De quelque visite ordinaire,
Où depuis le matin au soir
Bien souuent ils n'ont rien à faire
Que se regarder & s'asseoir.

   Mais que peut-on contre le sort,
Laissons là ces vilaines ames,
Leur laschetè n'a point de tort,
Ils nasquirent pour estre infames,
La fortune aux yeux aueuglez,
Aux mouuements tous dereglez
Les à conceus à l'aduanture,
Et sous vn Astre transportè
Qui cheminoit contre nature
Quand il leur versa sa clarté.

   Vous estes né tout au rebours
De leurs influances malines,
L'Astre dont vous suiuez le cours
Suit les routes les plus diuines;

Il est vray que vous meritez
Au delà des prosperitez,
Dont il vous a laissé l'vsage;
Si le destin donnoit vn rang
Selon l'esprit & le courage
Damon seroit Prince de sang.

O Dieux que me faut-il choisir
Pour loüer mon Dieu tutelaire
Que feray-ie en l'ardent desir
Que mon esprit a de vous plaire?
Ie diray par tout mon bon-heur
Ie peindray si bien vostre honneur,
Que la mer qui void les deux Poles
Dont se mesure l'Vniuers,
Gardera sur ses ondes moles
Le carractere de mes vers.

THEO.

THEOPHILE A SON AMY CHIRON.

TOY qui fais vn breuuage d'eau
Mille fois meilleur & plus beau,
Que celuy du beau Ganimede,
Et qui luy donnes tant d'appas
Que sa liqueur est vn remede
Contre l'atteinte du trespas

Penses-tu que malgré l'ennuy
Qui me peut donner auiourd'huy
L'horreur d'vne prison si noire,
Ie ne te garde encor vn lieu
Au mesme endroit de ma memoire
Où se doit mettre vn demy-Dieu.

Bouffy d'vn air tout infecté
De tant d'ordures humecté
Et du froid qui me fait la guerre
Tout chagrin & tout abatu,
Mieux qu'en autre lieu de la terre
Il me souuient de ta vertu.

Chiron au moins si ie pouuois
Te faire ouyr les tristes voix
Dont t'inuoquent mes maladies,
Tu me pourrois donner dequoy.
Forcer mes Muses estourdies
A parler dignement de toy.

De tant de vases precieux
Où l'art le plus exquis des Cieux,
A caché sa meilleure force,
Si i'auois seulement gousté
A leur moindre petite amorce
I'aurou trop d'aise & de santé.

Si deuant que de me coucher
Mes souspirs se pouuoient boucher
D'vn long traict de cest Hydromele
Où tout chargin s'enseuelit,
L'enfant dont auorta Semele
Ne me mettroict iamais au lict.

Au lieu des continus ennuis
Qui me font passer tant de nuicts
Auec des visions horribles,
mes yeux verroient en sommeillant

Mille voluptez inuisibles
Que la main cherche en s'esueillant

Au lieu d'estre dans les enfers,
De songer des feux & des fers
Qui me font le repos si triste,
Ie songerois d'estre à Paris
Dans le cabinet où Caliste
Eust le triomphe de Cloris.

A l'esclat de ses doux flambeaux
Les noires caues des tombeaux
D'où ie vois sortir les furies,
Se peindroient de viues couleurs
Et seroient à mes resueries
De beaux prez tapissez de fleurs.

A ! que ie perds de ne pouuoir
Quelquefois t'ouyr & te voir
Dans mes noires melancholies,
Qui ne me laissent presque rien
De tant d'agreables folies
Qu'on aymoit en mon entretien.

Que mes Dieux sont mes ennemis
De ce qu'ils ne m'ont pas permis

de t'appeller en ma detresse,
Docte Chiron apres le Roy
Et les faueurs de ma maistresse
Mon cœur n'a de regret qu'à toy.

PRIERE DE THEOPHILE,
aux Poëtes de ce temps.

Vous à qui de fraische vallees
Pour moy si durement gelees,
Ouurent les fontaines de vers:
Vous qui pouuez mettre en peinture
Le grand obiect de l'vniuers,
Et tous les traicts de la nature.

Beaux esprits si chers à la gloire,
Et sous qui l'œil de la memoire
Ne sçauroit rien trouuer de beau,
Escoutez la voix d'vn Poëte,
que les alarmes du tombeau
Rendent à chaquefois muette.

Vous sçauez qu'une iniuste race
Maintenant fait de ma disgrace
Le iouet d'un zele trompeur,
Et que leurs perfides menees,
Dont les plus resolus ont peur
Tiennent mes Muses enchaisnees.

   S'il arriue que mon naufrage,
Soit la fin de ce grand orage
Dont ie voy mes iours menassez
Ie vous coniure ô trouppe saincte
Par tout l'honneur des trespassez,
De vouloir acheuer ma plainte.

   Gardez bien que la calomnie,
Ne laise de l'ignominie
Aux tourmens qu'elle m'a iurez,
Et que le brasier qu'elle allume,
Si mes os en sont deuorez
Ne brusle pas aussi ma plume.

   Contre tous les esprits de verre
Autrefois i'auois un tonnerre,
Mais le temps flatte leur courroux
Tout me quitte la Muse est prise,

Et le bruit de tant de verroux
Me choque la voix & la brise.

    Que si ceste race ennemie,
Me laisse apres tant d'infamie,
Dans les termes de me venger,
N'attendez point que ie me venge
Au lieu du soin de l'outrager
I'auray soing de vostre loüange.

    Car s'il faut que mes forces luttent,
Contre ceux qui me persecutent,
De quelle terre des humains,
Ne sont leurs ligues emparees,
Il faudroit contr'eux plus de mains
Que n'en auroit cent Briarees.

    Ma pauure ame toute abatuë,
Dans ce long ennuy qui me tuë,
N'a plus de desirs violens,
Mon courage & mon asseurance
Me font de vigoureux eslans
Du costé de mon esperance.

    Icy pour desnoüer la chaisne
Qui me tient tout prest à la gesne.

Mon esprit n'applique ses soings,
Et ne reserue sa puissance,
Qu'à rembarer les faux tesmoings
Qui combattront mon innocence.

　Desia depuis six mois ie songe
De quel si dangereux mensonge
Ils m'auront tendu le lien,
Et dequel si souple artifice
Leur esprit plus sot que le mien,
Me conuaincra de malefice.

　On void assez que mes parties,
Bien soigneusement aduerties
De mes plus criminels secrets,
N'ont recours qu'à la tromperie,
Et que mes Iuges sont discrets
De ne point punir leur furie.

　Mais ainsi qu'à souler leur haine,
Les Iuges ont des pieds de laine,
Ie voy que ces esprits humains,
Laissent long temps gronder l'enuie,
Sans mettre leur pesantes mains
Dessus mon innocente vie.

Et cependant ma patience
A qui leur bonne conscience,
Premet vn iour ma liberté,
S'exerce à chercher vne lime
Qui persuade à leur bonté
Qu'on me pardonnera sans crime.

Ma Muse foible & sans haleine
Ouurant sa malheureuse veine,
A recours à vostre pitié:
Ne mordez point sur son ouurage,
Car icy vostre inimitié,
Desmentiroit vostre courage.

Ie ne fus iamais si superbe
Que d'oster aux vers de Malherbe
Le François qu'ils nous ont appris,
Et sans malice & sans enuie
I'ay tousiours leu dans ses escrits,
L'immortalité de sa vie.

Pleust au ciel que sa renommee
Fust aussi cherement aymee
De mon Prince qu'elle est de moy,
Son destin loin de la commune

Seroit

Seroit toufiours auec le Roy
Dedans le char de la fortune.

Vne autre veine violente
Toufiours chaude & toufiours fanglâte
Des combats de guerre & d'amour
A tant d'efclat fur les theatres,
Qu'en defpit des freflons de Cour
Elle a fait mes fens idolaftres.

Hardy dont le plus grand volume
N'a iamais fceu tarir la plume,
Pouffe vn torrent de tant de vers
Qu'on diroit de l'eau d'Hypocrene
Ne tient tous fes vaiffeaux ouuers
Qu'alors qu'il y remplit fa veine.

Porcheres, auec tant de flamme,
Pouffe les mouuemens de l'ame
Vers la route des immortels,
Qu'il laiffe par tout des matieres,
Où fes vers trouuent des Autels
Et les autres des cimetieres.

Encore n'ay ie point l'audace
De fouler leur premiere trace

R

Boisrobert, en peut amener,
Apres ses pas tout vne presse,
Qui mieux que moy peuuent donner
Des loüanges à sa Princesse.

 S. Aman sçait polir la rime
Auec vne si douce lime,
Que son luth n'est pas plus mignard,
Ny Gombaut dans vne elegie,
Ny l'epigrame de Menard,
Qui semble auoir de la magie.

 Et vous mille ou plus que i'adore
Que mon dessein veut ioindre encore
A ces genies vigoureux,
De qui ie tache icy la gloire,
Pour ce que le sort malheureux
Les a fait choir à ma memoire.

 Voyant mes Muses estourdies
Des frayeurs & des maladies
Qui me prennent à tous momens,
Faites leur vn peu de caresse
Et leur rendez les complimens
De celuy qui vous les adresse.

REMONSTRANCE
de Theophile à Monsieur de Vertamont Conseiller en la grand' Chambre.

1. Desormais que le renouueau
Fõd la glace, & desseiche l'eau
Qui rendent les prez inutiles:
Et qu'en l'obiect de leurs plaisirs
Les places des plus grandes villes
Sont des prisons à nos desirs.

2. Que l'oiseau de qui les glaçons
Auoient enfermé les chansons
Dans la poictrine refroidie,
Trouue la clef de son gosier:
Et promeine sa melodie
Sur le Myrthe & sur le Rosier.

3. Que l'Abeille apres la rigueur
Qui tient ses aisles en langueur

Au fond de ses petites cruches,
S'en va continuer le miel,
Et quittant la prison des ruches
N'a son vol borné que du ciel.

4. Que les Zephires s'espanchans
Parmy les entrailles des champs
Laschent ce que le froid enserre:
Que l'Aurore auecque ses pleurs
Ouure les cachots de la terre
Pour en faire sortir les fleurs.

5. Que le temps se rend si benin,
Mesme aux serpents pleins de venin,
Dont nostre sang est sa pasture:
Qu'en la faueur de la saison
Et par Arrest de la Nature,
Il les fait sortir de prison.

6. L'an a fait plus de la moitié,
que tous les iours vostre pitié,
Me doit faire changer de place;
Ne me tenez plus en suspens:
Et me faites au moins la grace
Que le Ciel fait à des serpens.

ICY COMMENCENT
les pieces des Amis de Theophile.

COMPASSION
de Philothee, aux miseres de Theophile.

'Ay veu dãs le cristal des Cieux
Les pleurs qui coulent de tes
    yeux,
Et les doux accens de ta Lyre
Autres qu'ils ne furent iadis,
Ont charmé (si ie l'ose dire)
Tous les Anges de Paradis.

   Comme tu les fais sommeiller,
C'est à moy de les esueiller
D'vne voix qui les importune;
S'il n'accordent ce que ie veux
N'en accusez que la fortune
Aueugle & contraire à nos vœux.

Toutefois l'empire du sort
Depend du celeste ressort,
Et si les ames fortunees
Ont pour toy quelque bon dessein
Asseure toy que les annees
Reuerdiront dedans ton sein.

Aprehendes-tu le trespas?
Vn genie guide tes pas,
Qui te void sans que tu le voyes,
Si tu crains c'est luy faire tort:
Car ce mercure ny ses voyes
Ne conduisent pas à la mort.

Parauanture les tourmens,
Qui te deuorent si long temps,
Ont fait bresche à ta patience;
Mais il faut que ton iugement,
Aussi net que ta conscience,
Te donne du soulagement.

Les tenebres de la prison
Ne font eclypser ta raison,
Et Minos au visage blesme,
Trouue en examinant ta foy,

Si tu n'es l'innocence mesme,
Qu'au moins elle est auecque toy.

 Et quand auiourd'huy le malheur
Au solstice de la douleur,
T'auroit appendu pour trophee
A des esprits trop inhumains,
Tu serois mis auec Orphee
qui fut deschirè de leurs mains.

 Tes vers n'ont du feu de l'amour,
Que pour se faire voir vn iour,
Et ce que ta Muse compose,
N'est coulpable d'aucuns forfaits,
Car iamais vne belle chose,
N'enfanta de vilains effects.

 Aussi les plus diuins esprits
Sont tous de ces beautez espris,
Recognoissans l'air & la grace
Du clair Phœbus qui les produit,
Les autres n'ont dessus la face
que les tenebres de la nuict.

 Et si le chef des enuieux,
Auoit la prunelle des yeux

Aussi grande que les oreilles
Il verroit luire dans tes vers
L'vne des plus rares merueilles
Qui se trouue dans l'Vniuers.

Il verroit Phœbus & ses sœurs
Qui de tes charmeuses douceurs
Endormans les cours des riuieres
Y dressent vn pont de chrystal
Et font que les eaux les plus fieres
Reposent dans leur lict natal.

Car Seine d'où vient que tes flots
Autresfois legers & dispos
Roidis au milieu de leur course
Font que l'œil ne peut estimer,
S'ils remontent deuers leur source,
Ou s'ils vont fondre dans la mer.

N'est-ce point que tes dieux charmez
Ont ainsi leurs palais fermez
Pour auoir l'oreille attentiue
Aux regrets pleins de repentir,
Qu'vn Cygne chante sur ta riue
Estant sur le poinct de mourir?

Soit

Soit que sur vn lit de roseaux,
Tu dormes auecque tes eaux,
Ou que tu n'ais plus de fontaines,
Ce n'est pas sans quelque raison,
Phœbus t'a mise dans ces chaisnes
Comme tu l'as mis en prison.

Il auoit desia tempesté
Dedans l'air affligeant l'esté
De maladies sans remede,
Les ondes sentent auiourd'huy
La tristesse qui le possede,
Et languissent auecque luy.

Estans reduites aux abois,
Elles ne treinent plus les bois
Où son Idole consumee
Prit sa volee dans les Cieux
Quand les aueuglant de fumee
Ce Phenix fit pleurer les Dieux.

Donques ce barbare element
En sera touché tellement
Qu'il alterera sa nature,
Et moy ie feray vanité

S

De couuer vne roche dure
Au sein de mon humanité?
　　I'atteste les Dieux immortels,
Et leurs Temples & leurs Autels,
Où prosterné ie les adore,
Mon ame ne peut consentir
Qu'vn brasier infernal deuore
Vn cœur touché de repentir.
　　Ardents Lutins qui voltigez
Sur la teste des affligez
Comme des Milans sur leur proye,
Vos feux ont nos fleuues taris,
Les Grecs les mirent dedans Troye,
Et vous les mettez dans Paris.
　　Mais vous celestes Messagers,
Dont les esprits mensongers
Ne peuuent démentir le zele,
Animez par des faux rapports,
Pour sauuer vne ame si belle
Laisserez-vous perdre le corps?
　　Souuerains Prestres de Themis,
Secondez-vous les ennemis

Du Dieu qui preside aux Oracles?
Vous qui les rendez tous les iours,
Et qui du bruit de leurs miracles
Percez l'oreille des plus sours.

Dieu de nos mers, où que tu sois,
Auiourd'huy l'Arion François
Est à la veille du naufrage,
Tandis qu'il attend vn Dauphin,
Calme la tempeste & l'orage
Qui le menasse de sa fin.

Et toy phanal Sainct qui reluis
Dans l'horreur des plus noires nuits,
Ignace garde que ta flame
Au lieu de luy moſtrer le port
Ne iette son corps & son ame
Dedans les gouffres de la mort.

Ce flambeau qui luit dans tes mains
Sera il mortel aux humains
Comme il est fatal aux Idoles?
Est ce vn presage de mal heur?
Et n'a il pas comme les Poles
La lumiere sans la chaleur?

S ij

Esclaires en l'aueugle né,
C'est Homere qui t'a donné
Dans ces vers des traicts de loüange,
S'il void le Soleil desormais,
D'vn homme tu feras vn Ange
Benissant ton nom à iamais.

Response de Tyrcis à la plainte de Theophile prisonnier.

THeophile, ie m'estonne qu'au lieu de respondre, & repousser tant d'accusations qui fondent sur toy de tous costez, tu t'amuses à m'interroger & à m'escrire d'vn stile Poëtique. D'où vient ie te prie, que parmy toutes ces tépestes qui t'aissaillent, tu n'as recours & n'addresses tes vers en plate peinture qu'à moy seul, comme si i'estois le feu sainct Erme qui te peust preseruer de naufrage? Au fort de tes desastres reclamer Poëtiquement l'assistance de ceux qui ont si peu de credit & de pouuoir que moy, comment appelles-tu cela? N'y a-il pas assez d'illustres & puissantes personnes pour les semondre de t'estre pitoyables par tes clameurs & tes plaintes? Encor les faudroit-il traitter d'autre sorte. Ce n'est pas auec vn roseau ou vne paille qu'on peut estayer vne maison preste à cheoir, ny auec des rithmes friuoles qu'on peut arrester la perte de ta reputation & de ta vie. Ce n'est pas en vers qu'on t'accuse. Ce n'est pas en vers que tu te dois defendre. Prends en bonne part cet aduis, ie te prie en amy, quoy que tu m'accuses d'auoir violé nostre amitié par quelque sorte d'ingratitude. Chose plaisante, lors qu'on t'accuse, tu m'accuses, mais les accusations sont bien diuerses. Tu m'accuses d'vn peu d'ingratitude & de paresse enuers toy, & on t'accuse d'vne ingratitude infinie enuers Dieu, sans mesmes que tu te serues des moyens qui pourroient bien seruir à ta iustification. On deuroit pour te confondre te mettre deuant les yeux l'ancienne fable d'Arion, qui se voyant prest d'estre jetté dans le gouffre de la mer, se meit à pincer doucement sa Lyre à la loüange de ses Dieux, & ayant moins crainte de la mort que de soin de les adorer, tesmoigna par sa douce harmonie qu'il n'auoit iamais eu tant de sentiment de la diuinité, que pour lors; C'est pourquoy l'antiquité, qui luy a dressé des autels, creut que par ceste seule recongnoissance, il merita qu'vn Dauphin le vint preseruer de ce naufrage. Or contemple combien tu es dissemblable à ce Chantre. Au temps que la Mort auec son appareil plus effroyable talonne tes pas, tu negliges d'employer ta voix & tes vers pour implorer le secours du vray Dieu, & ne pouuant mesme feindre de te conuertir au Createur, tu te contente de recourir à vne si chetiue creature que moy, & d'espuiser le reste de ta bizarre poësie pour te plaindre de mon peu de souuenir. Et s'il est ainsi que dans les aduersitez l'esprit humain se réforce, & que comme la Lune luit mieux aux tenebres qu'en plein iour, les mortels dans les afflictions fassent esclatter plus de iugement & d'industrie, d'où vient que tu démens ceste commune creance, & que tes actiós sont si peu iudicieuses, & ta poësie si muette dans la

prison où tu es, laquelle te deuroit auoit desia rendu bon Poëte & profere côme l'antre de Trophonius. O que tu deurois estre maintenāt memoratif & imitateur de ton Socrate, lors qu'il estoit en prison; ie l'appelle rien, veu qu'il y a quelque temps que pour te purger du crime d'Epicure, tu choisis le traicté de Platon, où la mort de Socrate est descripte; pour le traduire en nostre langue, mais comment traduire, c'est plustost trahir le sens de Platon dont tu es plustost le traditeur que le traducteur, pour vser des termes du Poëte du Bellay. Car ayant pris le beau discours de Socrate à traduire, tu le fais parler contre son gré d'vn style poëtique & extrauagant, dont ce Philosophe n'eust peu vser sans decheoir de sa docte grauité, & sans abatar-
dir tant

dir tant de belle considerations, dont il soulage ses amis esplorez de sa prochaine mort. Chose estrange que pour acquerir le tiltre de disert, tu acquieres celuy d'vn infidelle interprete, & que pour iouïr d'vn bien imaginaire, tu ayes faict le mal si euident. Ioint que si nous n'auions que cette seule authorité de Socrate pour preuue de l'immortalité de nos ames, tu aurois eu raison d'en entreprendre la version & la paraphrase. Mais tant s'éfaut que ce discours serue pour faire vne telle preuue, que mesmes il est fondé sur diuerses resueries & idolatries, lesquelles tu augmentes de beaucoup d'autres impies & absurdes, au grand preiudice du sens & iugement de Platon. Tu n'as donc gueres auancé si tu pensois oster du monde l'ombrage qu'ils
T

ont de ta mescreance, pour fuir la viue pourfuitte d'vne telle accufation, tu as cherché vn pauure afyle. Pour affermir ta foy tu as recours à vn autheur infidele; au lieu de te feruir de belles & fainctes raifons, dont la Theologie eft armée pour triompher de l'impieté. Mais il n'eft pas befoin que tous les accufez foient coupables. Si tu es innocent ie fouhaite que les bras de la Iuftice conuertiffe les menaffes en careffes, & couronne de mille fleurs ta tefte au lieu de l'écrafer de fes foudres puniffeurs. Mais ie crains que tant de vers execrables qui portent ton nom fi deuot, ne refonnent fi fort aux oreilles de tes Iuges, que la petite voix de ta deffence n'y trouue aucune entrée. Quelle innocence pourra vaincre tant de tefmoignes d'impieté!

Quel Soleil dissipera les nuages qui t'enuironnent. Ces noirs & vilains liures dont Sathan se sert côme de funestes voiles pour faire eclypser & amortir la lumiere de la foy & de la raison, sont des terribles instrumens pour auancer l'effet de ta cōdamnation, & pour authoriser les autres accusations qui t'accablét. Ie ne sçay si tu peux esperer plus de faueur de la Iustice Chrestienne que tu n'en eusse receu de la Payenne. Combien de punitions lisons nous auoir esté faictes de moindres blasphemes contre les faux Dieux.

I'apprends neantmoins que tu te nies estre l'autheur de telles folles Poësies, & que tu t'attaques à ceux qui les ont illustrees de ton nom. Sçache (cher amy) que ie serois tres-ayse de sçauoir que tu

T ij

n'eusses iamais produit de si infames ouurages. Car il est certain qu'ayant esté cy deuant esleué de la poussiere & de la necessité, tu as donné quelque occasion de croire que tu auois pratiqué ceste maxime: Qu'il faut pour estre bié estimé & heureux, mesmement en maniere de poësie, suiure toute autre voye que celle de la pitié, tellemét abandonnee en ce temps qu'on pense que c'est bailler la torture à la poësie Françoise que de l'appliquer à des suiects chastes & vertueux; & que toute sa grace se perd & se dissipe, si elle n'est meslee de gaillardise & de folastreries. Mais il me semble que tu ne prens point de goust à m'escouter si ie ne te parle en vers :

Celuy qui d'vn soc dor artiste & precieux

*Va cultiuant la fange & les plus sales
 lieux,*
Est la comparaison de celuy qui s'amuse
A chager les thresors de la diserte Muse
*Et des vains instrumens, pour cultiuer
 tousiours*
*Les champs empoisonnez de lubriques
 amours*
*D'où pour toute moisson luy naissent des
 espines*
*Qui luy font esprouuer les vengeances
 diuines.*
*En quel nouueau cahos est reduit l'vni-
 uers*
*Pour n'y mourir de faim il faut estre per-
 uers,*
*Pour s'y rendre agreable il faut estre ido-
 latre,*
*Auoir l'esprit troublé d'vne verve fola-
 tre,&c.*

Mais t'esmerueilleras tu pas de voir mon nouueau langage, &

pourras tu croire que ie fois ton ancien Tircis, qui me laiffant n'aguieres piper à ta vanité, recherchois paffionnement ceux qui m'empefchoient de cognoiftre mon aueuglement. Ne penfe pas pourtant Theophile que ce foit ton aduerfité qui m'ait efloigné de toy, auant qu'elle te vint, ny menacer, ny t'affaillir, ie me fuis feparé de toy, par vn fentimét prefque femblable à celuy d'Amafis, qui voyant Polycrates grandemét heureux repudia fon amitié, iugeant qu'vn fi grand heur deuoit eftre proche d'vn grand malheur. Mais pour me defcouurir entierement, ie ne dois le bien de t'auoir quitté qu'à Dieu feul, qui m'a daigné faire reietter la cópagnie des mefchans ou foupçónez tels, fans eftre complice de ton vilain diuertissement, dont tu t'accuses aussi effrontement que tu accuses iniustement Rome de le permettre.

Sa diuine grace m'a donc seuré de faux plaisirs de ta pernicieuse compagnie pour me faire iouyr des veritables, qu'il depart à ceux qui pour s'vnir à son amour renoncent à celuy des voluptez perissables. Parmy les tenebres où i'errois miserablement i'ay veu en poindre sur moy des lumieres qui m'ont fait recognoistre que i'estois Chrestien & destiné pour posseder les felicitez eternelles apres les auoir acquises par le chemin de la pieté. C'est pourquoy i'ay creu me deuoir abstenir de te hanter pour vacquer mieux à mon salut, endurant ce petit deplaisir pour l'amour de celuy qui endura pour moy la mort. Mais, ô merueille! me proposant de fuyr les plaisirs, i'en rencontre à chaque pas que ie tasche de faire dans le sentier de la pieté. Pensant fuyr les ruisseaux, ie trouue la source, & ne puis que ie ne sois indigné contre ceux qui figurent les voyes de la vertu si scabreuses & difficiles. A la mienne volonté qu'il me fut loisible de souffrir & de mourir, pour estre vray imitateur de Iesus Christ. C'est mon souhait que ie ne te puis cacher voyāt que tu és en estat de souffrance & en attente de mort, dequoy tu peux faire vn profit infiny. O qu'il feroit beau voir que tu te seruisse d'vne si belle occasion pour monstrer publiquement ou ton innocence ou ton repentir, en acceptāt d'vn cœur ardent de la diuine charité, l'execution de l'arrest de ce S.

& vene-

& venerable Parlement, à fin que cela fust vne fidele espreuue de ta pieté, en espousant & embrassant ces flammes qui ont esté si cherement recherchees par tant de belles & pieuses ames, pour illustrer l'Eglise & accroistre le nombre des glorieux Martyrs. C'est la Croix que Dieu represente maintenāt, & c'est à toy de tesmoigner ton courage à ne la craindre, & ton amour à ne le refuser pas. Voila le meilleur conseil que ie te puis & dois donner en dressant mes humbles prieres à Dieu qu'il te fortifie de sa grace pour en vser vtilement. A Dieu.

Malus aut ideo viuit vt corrigatur, aut ideo viuit vt per eum bonus exerceatur. D. August.

v

LES SOVSPIRS
d'Alexis.

MAintenant que ie voy ton nom
mis au pillage,
Et que chacun se plaist à te picquer d'ou-
trage,
Ie me veux tesmoigner en ton aduersité
De tes meilleurs amis encor inusité.
Ne pouuant point souffrir qu'on
tienne en ton absence
Tant de propos de toy remplis de mes-
disance,
Et que si le destin peut ioindre nos esprits
Que ie te suis conioint par ces vers que
i'escrits.
Et pourtant que si c'est d'vn accent si
debile
Tu m'en excuseras volontiers, Theo-
phile,
Car te voyant ainsi flottant sur le danger

Ce m'est assez d'honneur de te vouloir
vanger.
Et qu' si tu peris au deffaut de ces armes
Fortifié les ay des tiennes si tres-fermes
Si toy mesme voulois prendre ta cause en
main
Tu pourrois captiuer ce qui t'est inhu-
main.
Le miel de tes chansons, la douceur de
ta Lire,
Pourroit vaincre ton sort si tu le voulois
dire :
Mais que ne le veux tu, comme fit au-
tresfois
Ce charmeur des esprits, le chanter de ta
voix.
Lors que faisant parler son sacré luth
d'ynoire,
Il pleuroit Euridice & sa chere memoire,
Sous les croupes de Thrace, où le charme
des vers
Toucha si puissãmẽt tout ce grãd vniuers,

V ij

Qu'il arresta tout court les cristalines sources.
Et leur fit oublier leurs ordinaires courses
Si que lors que son chant amusoit les ruisseaux
L'on croyoit que le Gete auoit tary ses eaux.
Il sortoit des appas si puissãs de sa bouche,
Que le bocage y vint, & sõ sexe farouche,
Et si quelque oisillõ se pourmenoit enhaut
A la douceur des sons il tõboit en deffaut.
Et le superbe Athos on pouuoit veoir encores
Se rompant en escueils opprimer les Centaures,
Et le long de Rhodope au milieu des chansons
La neige amolissant & fondãt à ses sõs.
Tout ce doit tellement à la douce harmonie
Que chaque deïté en deuenoit rauie.
Ce Poëte diuin dictoit de tels accords

Qu'il appaisa entr'eux les animaux discords.
 Les Lyons & les Loups, éprits de ces langages,
Regardoient les Brebis & les Daims sans outrages :
La douceur de ses chāts auoit tāt de diuin
Que le Serpent y fut priué de sō venin.
 Voire, ainsi souspirant auec tant de tristesse,
Eut recours à sa voix pour r'auoir sa maistresse,
Et de si doux fredons ayant vaincu les Dieux
Du profond des Enfers remontoit glorieux.
 Lors, helas ! que le sort ennemy de sa ioye,
Lui fit biē tost plorer la perte de sa proye,
Apres auoir submis la puissance des Dieux,
Vn sort luy est fatal & trop iniurieux.

*Il regarde apres soy & pour si peu de
 chose
Il perd le doux loyer des chansons qu'il
 compose,
Tu pourrois aussi bien comme luy sous
 tes Loix
Captiuer les espritts les plus durs par ta
 voix.
 Desia parmy la Cour tes chansons sont
 si douces,
Que le Louure souspire alors qu'on te
 courrouce,
La douceur de tes vers inspire tāt d'apas,
Que mesmes les Dauphins te suiuent pas
 à pas.
 Ton nom en est cogneu au delà de la
 France,
Et ton vers recogneu d'vne telle puissāce,
L'on cherit Theophile, & des traicts de
 son nom,
L'on accuse le sort contraire à son renom.
 Mais que ne t'en plains tu? que ne*

dis-tu toy mesme
Ce que ie n'oserois de crainte du blaspheme?
Ie n'oserois iamais, & ne veux point nommer
Vn si mortel blasõ, de peur de te blasmer.
Car l'iniure souuent acquiert plus de malice
Sur l'aisle du renom du plus qu'elle s'y glisse:
De sorte qu'en pensant t'obliger d'vn plaisir
Ie serois le disant trompé de mon desir.
Aussi ne puis-ie pas conceuoir vn tel crime
D'vn si gentil esprit au milieu de ma rythme:
Dis-le donc s'il te plaist, dis qu'on médit de toy,
Que tu es vn Athee exterminãt la Loy.
Et rien sinõ le sort & le destin n'adore,
Et que l'œil de la nuict & le fils de l'Au-

rore,
Et que tu prise moins l'Ambroisie des Cieux
Que le vin de Cormier le plus delicieux.
Descouure à vn chacun le fonds de ta pensee,
Afin que ta vertu ne soit point offensee :
Dis. le dõc si tu veux, declare à l'vniuers
Que tu ne fus iamais d'vn esprit si peruers.
Que tu es assisté d'vn bien meilleur genie,
Et qu'en vain l'on te mord de ceste calomnie,
Que tu sens bien de Dieu, & que de son honneur
Tu ne parus iamais si mauuais blasõneur.
Neantmoins tes escrits font foy de tes pensees,
Et tes deportemens de tes mœurs accusees,
Et en ceux là vrayement l'on peut veoir vn amour,
D'vn traict assez hardy communiqué

au iour

au iour,
Et rien n'y peut-on veoir que dou-
ceur en ta veine,
Et qu'vne gayeté dont elle est tousiours
pleine,
Et que si c'est vn crime au iugement des
Dieux
Qu'auoir depeint l'amour si naturel aux
yeux.
Pourquoy l'ont-ils donc fait dans leurs
Palais descendre
Pour le mettre auec nous, & puis nous
en reprendre ?
Mais tant s'en faut que ces esprits soient
enuieux,
Qu'ils ont ry de se voir imitez sur les
Cieux.
Ton sort seroit cõmun auec Promethee
Si tu estois coupable en ton œuure inuen-
tee,
Et le poinct de l'honeur à ton merité deu,
Deuroit plus dignement qu'à luy t'estre
X

rendu.

Mais comme ce n'est point à des petits courages
Tant de vertus, aussi de souffrir tant
 d'outrages,
Quelque fois on pourroit condamner vn
 dessein
Qu'on deuroit approuuer en vn esprit
 plus sain.
Et souuent le mal-heur fleschit sous la
 fortune
De l'homme genereux si quelqu'vn l'importune.
Tout va le mesme train au dedans &
 dehors,
Que sommes affectez & de l'ame & du
 corps.
L'on ne doit si souuent s'arrester à la
 lettre
Que le sens qui est beau ne se rende le
 maistre,
Et lors qu'vn bel esprit compose vne

chanson

Il y faut estimer plus l'esprit que le son.
Et que si quelquefois il sortoit de cadence,
Ie lui demanderois ce qu'alors il en pense:
Car si tost que le Luth rend quelque ton discord,
Il vaut mieux le pincer & le rendre d'accord.
Que si tost le briser inutile au seruice
Pour en faire à Vulcan vn dernier sacrifice,
Et lors que quelque vers eslancé de fureur
Sonne mal quelquefois, n'en faut perdre l'Autheur,
Il vaut mieux le pincer, & luy dire à l'oreille
Qu'il change de filets & d'vne autre chantrelle,
Sãs faire tãt de cris & se plaindre si haut,
Que pour vn tel esprit le feu n'est assez chaud.

X ij

Car soit que telles gens soiët poussez d'vn
bon zele
La douceur y vaut mieux qu'vne mort si
cruelle,
Et puis qu'en auroient ils de voir ainsi vn
corps
Effacé dans sa cendre au rang des autres
morts?
Ils auroient du regret de voir qu'vn si
braue homme,
Fust profané des mains du fils de Iean
Guillaume,
Et que sa cendre obtint la Greue pour
tombeau,
Sõ esprit en ses vers s'en dreßât vn si beau.
Pourroient-ils estouffer auec sa fumee
Theophile & son nom, & tout sa re-
nommee ?
Et quoy? ses vers suspects en son embrase-
ment
Seront ils rendus purs au feu de son tour-
ment?

Non point que ie ne vueille, & qu'on
fasse luſt ce
A luy & à ſes vers s'ils ont tãt de malice:
Mais que ces auortons eſtouffez au bra-
ſier,
Le pere en ſoit exẽpt pour les deſadüouer.
Et pour les regretter n'eſtans venus à
terme
Qu'il les euſt mieux produit ſans ſouſpirs
& ſans larmes.
Et que ſans vanité il iure ſainctement
Par les yeux de Caliſte & ce beau firma-
ment,
Qu'il repeindra l'amour d'vne façon plus
belle,
Comme l'inuention en eſtant plus nou-
uelle,
Et que de plus en plus il ſe rendra fœcond
Pour l'honneur de ſa Muſe & ſon cher
Helicon.
Pour laiſſer apres luy quelque plus
belle ligne

Que garde son pinceau pour vn suiect
 plus digne,
Et qu'ainsi surmontant les plus braues
 esprits,
Chacun luy en adiuge vn honorable prix.
 Afin que quelquefois tu combatte l'enuie
Qui te voudroit rauir & l'honneur &
 la vie,
Et qu'au moins (Theophile) en si peu de
 loisir
Tu monstre ta constance en vn grand
 desplaisir,
Et que parmi les maux que le destin t'aug-
 mente,
Tu releue tō cœur de l'aduis de Carmente
Alors que son bon fils du destin trauersé,
Paroissoit de courage à demy renuersé.
 Et de pareils efforts à tant de galants
 hommes,
Tu te iuge en cela plus digne qu'on te
 nommes :
Car ordinairement ceux qui meritent

mieux
Sont (& non sans raison) plus mal traiéteZ de Dieux.
Et le grand Iupiter ne foudroye les plaines
Comme il fait bien souuent les plus hautes Collines,
Ceux qui viuët plus bas dãs la mediocrité
Sõt à l'abry des dards de tãt d'aduersité.
Tousiours en vn troupeau ceux de plus d'apparence
Esprouuent le pluſtoſt la rigueur & l'outrance,
Et pourtant que si tu te vois ainsi battu
Ne t'en prens point à rien sinõ à ta vertu.
Que si t'auois eſté portant vne houlette,
Vn petit Bergerot d'vne stupide teste,
Tu verrois doucement sauteller ton troupeau,
Mille fois plus content que d'vn eſprit si beau.
Tu n'aurois point eſté suiect à tant d'o-

rages,
Et tu n'aurois auſſi tant ſouffert de nau-
frages,
Quelqu'fois tu dirois vne ſimple chãſon,
Flattãt vne Bergere à l'õbre d'vn buiſſõ.
  Tu n'aurois veu la Cour ta Circé
charmereſſe,
Et dans ſa vanité (cauſe de ta detreſſe)
Tu n'aurois pas eſté ſi ſouuent inuité
A feindre tãt d'appas que t'aurois euité.
  T'aurois veu ſa faueur que tu as recla-
mee,
Beaucoup mieux comme elle eſt vne vai-
ne fumee,
  Et tu peux bien iuger ſi ie dis verité
Maintenant que ſur toy le ſort eſt irrité.
  Et meſme ton Tircis que tu preſumois
eſtre
Le plus entier amy que tu peuſſe cognoi-
ſtre,
Tircis qui te voit bien captif dãs la priſõ,
Et ne ſe ſoucie pas d'en auoir la raiſon.
Mais

Mais que seul incogneu fasché de ton de-
   sastre
Je prenne ton party à fin de le combatre:
Sçache aussi de Tircis, qui t'a promis la
   foy,
Que la voix est en luy, & les effects en
   moy.
Mais que si quelque iour, ainsi que ie l'e-
   spere
Le Roy se monstre doux, & te traicte
   en bon pere,
T'obligeant plus en plus à chanter ses
   grandeurs,
Tu feras peu d'estat du reste des fa-
   ueurs.
Si la Cour te permet de respirer encore,
Et de voir librement la clarté de l'Au-
   rore,
De ceste liberté quelque fois glorieux,
Tu loüeras sa douceur mal gré tes en-
   uieux.
Et ceux qui maintenant te vont tournât

la face,

Lors que les Aquilons agitēt le Pernasse,

Tu les verras venir au retour du Soleil

Te carresser encore auecque plus d'ac-
cueil.

Mais pour lors Theophille, & si tu m'en
veux croire,

Tu n'auras plus de vers dont tu leurs
vueille plaire,

Ta veine tarira, & n'aura rien pour eux

Si tu as vn esprit tant soit peu genereux.

Tu peindras sur leur front les marques
de l'enuie,

L'horreur & le destin, tyrannisant leur
vie,

Et que si tu les vois creuer de ton bonheur

Il les faut excuser, ils t'en font plus
d'honneur.

CONSOLATION A THEOPHILE, EN son aduersité.

I'Ay veu crier dans le Palais,
La penitence que tu fai,
I'ay veu ta plainte Theophile:
Rien ne me plaist dedans Paris,
Que quand ie voy parmy la ville.
Tant de beaux vers que tu escrits.

L'austerité du Parlement,
Est le subiect & l'argument
D'vne penitence si saincte?
L'ingratitude de Tircis
Est le vray subject de ta plainte,
Et de celle de tes amis.

Alexis souspire pour toy,
Mais il confesse comme moy,
Que c'est chose trop difficile,
De bien escrire ton malheur:

r ij

Car il n'y a que Theophile
Qui puisse plaindre sa douleur.

  Apres tant d'elegants discours,
Que tu nous traces tous les iours
Dedans vne prison obscure:
I'ose bien dire que ie puis
Descrire le mal que i'endure,
Mais non pas dire tes ennuis.

  Theophile, i'ay grand regret
De la teneur de ce decret,
Où l'on te charge de blaspheme:
Ta prison m'est à creue cœur,
Mais il faudroit estre toy mesme
Pour bien defendre ton honneur.

  I'ay regret qu'vn si bel esprit,
Aapres auoir si bien escrit,
Reçoiue vn traictement si rude:
Mais ie sçay bien d'autre costé,
Qu'en ceste dure seruitude
Ton esprit est en liberté.

  Ie sçay bien que tes vers François,
En quelque peine que tu sois,

Pourront appaiser la disgrace
Et la colere de la Cour,
Car ils n'ont point mauuaise grace,
Pour estre fais dans vne Tour.

 Toutesfois les mois & les jours,
Et les saisons coulent tousiours,
Sans que personne se propose
De te sortir de la dedans,
Ou tu n'es point pour autre chose
Que pour l'amour des courtisans.

 Amour qui deuoit obliger
L'esprit mesme le plus leger,
A secourir ton innocence :
Si ceux qui frequentent la Cour,
Estants priuez de ta presence,
Auoient encore de l'amour.

 Mais ton bon droict est assez fort,
Pour monstrer que tu n'a pas tort,
Et que c'est chose trop iniuste
De condamner les bons esprits
Car ce n'est pas du temps d'Auguste,
Qu'on a veu naistre tes escrits.

La France, qui les a nourris
Dedans la ville de Paris,
Ne se peut pas dire leur mere,
Si touchée d'humanité
Elle n'a pitié de leur pere,
Et ne le met en liberté.

    Il faut attendre ce bon heur,
Par le moyen de la faueur,
De ceux qui cherissent ton stile :
Peut estre qu'on sera marry,
De voir le pauure Theophile
Dans la Tour de Montgommery.

    Cependant ie desire fort,
Que tu m'excuses si i'ay tort
De contrefaire ton langage :
Ce n'est pas l'honneur du Pinçon,
Quand le Rossignol est en cage,
De limiter dans le buisson.

    Mais pour en dire mon aduis,
Il ne te peut arriuer pis,
Ie ne croy plus qu'on te moleste,
Et desormais le Parlement

Voyant ton amour plus modeste
Te traictera plus doucement.

Ce n'est pas pour te reprocher,
Que ton plaisir te soit si cher,
Ou que ta muse trop lasciue
Soit le subiect de ta prison,
Mais le meilleur homme qui viue
N'est point exempt de trahison.

Aussi le monde cognoist bien
Que tout cela ne sera rien,
Les Iuges mesme de ton crime
N'estiment pas que ton amour
Soit vne cause legitime,
Pour te tenir dans vne Tour.

Si tu n'auois prou de raisons,
Et de belles comparaisons,
Pour exemples de ta fortune,
Et si i'estois ce que tu és,
Ie t'en pourrois dire quelqu'vne
Sur le subiect de ton procez.

Si tu fus iamais amoureux,
Ne fus tu pas plus malheureux

D'estre l'esclaue d'vne Dame?
Tu le fus certes plus alors,
D'autant que les peines de l'ame
Sont bien plus grandes que du corps.

    Ton esprit lors estoit contraint,
Et ton corps maintenant se plaint
D'vne si longue seruitude,
Mais les neuf muses que tu sers,
En ceste triste solitude
T'apprenant à faire des vers.

    Ie ne veux que tes mesmes vers,
Qui nous representent les fers,
Sous lesquels vn amant souspire,
Pour monstrer par viue raison
Qu'amour est vn cruel martyre,
Et plus cruel qu'vne prison.

    Mais i'ay peur qu'en n'y songeât point,
I'aigrisse le mal qui te point,
Quoy que mes paroles soient vrayes,
Ie veux retrancher ce discours,
Car c'est r'ouurir tes vieilles playes,
Que de parler de tes amours.

Amour

Amour avoit peur comme moy,
Quand Ouide fit comme toy
Ce que maintenant tu regrettes:
Car afin de ne le blesser
Il ne porta plus de sagettes,
Et moy i'ay peur de t'offenser.

I'ay peur en courant tes plaisirs
De renoueller tes souspirs;
Ainsi Amour parmy les Getes,
Eust bien voulu ressouuenir
Ouide de ses amourettes,
S'il eust osé l'entretenir.

Ie n'ay pas aussi entrepris
De parler icy du mespris
Que font les hommes de merite,
De tous les iugemens humains,
L'entreprise n'est pas petite,
Elle requiert tes propres mains.

Mais ie sçay que les gens de bien
Ne s'estonnent iamais de rien,
Et ont tousiours de l'esperance:
Ie sçay que les hommes sçauans

Z

Ne manquent iamais d'asseurance
Contre la haine des meschans.

 Toutesfois si tu veux sçauoir,
Ce qui me peut plus esmouuoir,
A visiter les pauures muses,
Theophile, tu cognoistras
A mes pensees si confuses,
Que c'est de ne te parler pas.

 Si tu ne veux mon entretien,
Au moins le deuoir d'vn Chrestien
Est de faire telles visites:
Mais ie puis bien en second lieu,
Dire que c'est pour tes merites,
Le faisant pour l'Amour de Dieu.

 Amour que tu peins beaucoup mieu
Que celuy-là qui n'a point d'yeux:
Car en lisant ta penitence,
Ie croy viure dedans le ciel,
Et sans monstrer ton innocence
Tu ne peus pas le peindre tel.

 Puis que tu portes dans les cieux,
Ton cœur autres fois amoureux,

Les sainȼts Peres dedans le Temple
Pourront auoir plus de Lecteurs,
Qu'vn fol amour à ton exemple
N'attiroit à foy d'auditeurs.
 Celuy-là n'est point arresté,
Mais est plustost en liberté,
Qui a pour prison ceste ville,
Que tu nommes Cité de Dieu
Et si c'est toy mon Theophile,
Es-tu restraint en peu de lieu?
 Celuy-là qui ne songe plus
Qu'à la doctrine de Iesus,
Qui ne pense qu'à l'Euangile,
Ne vit-il pas selon la foy:
Et si c'est toy mon Theophile,
Qui se pourra plaindre de toy?
 Celuy qui vit austerement,
Celuy qui lit iournellement,
Sainct Augustin, & Sainct Basile
Peut-il mesdire de quelqu'vn?
Et si c'est toy mon Theophile,
Que veut dire le bruict commun.

Z ij

Celuy qui recourt à l'Autel
Ayant fait vn peché mortel,
qui a l'Eglise pour azile,
N'est-il pas digne de pitié?
Et si c'est toy mon Theophile,
Où est logee l'amitié?

Celuy qui void deuotement
Et l'vn & l'autre Testament,
Est-il oysif & inutile?
Est-il remply d'iniquité?
Et si c'est toy mon Theophile,
que te sert ton austerité?

Celuy qui maintenant reclus
Produit tant d'actes de vertus,
Est-il rebours & indocile?
Ne se peut-il pas conuertir?
Et si c'est toy mon Theophile,
que te sert donc le repentir?

Ie compatis à ta douleur,
Ie porte ton mal sur le cœur:
Mais i'espere que la Iustice,
Ira deliurer quelque iour

Celuy qui n'a point d'autre vice
que d'auoir escrit de l'amour.
　Or attendant l'heureux succez
que i'espere de ton procez
Reçoy ces lignes imparfaites,
qui feroient tort à leur autheur
Si ce n'estoit qu'elles sont faites
Et escrites en ta faueur.

LES LARMES DE Theophile prisonnier.

Moy pauure Theophile infortuné au monde,
D'vn desir tout parfait, auant mourir ie veux
Faire entendre mes plaintes, & mes cris douloureux,
A celuy qui a fait le Ciel, la Terre, & l'Onde.

SCAVOIR EST,

O Esprits surnaturels! ô Anges de mon Maistre, & toy mesme mon Dieu, par lequel ils m'enten-tendent plaindre là sus de ces bas lieux profonds, où tu sçais & vous sçauez que le reuers de fortune, qui est l'infortune mesme des miserables mortels, m'a autant cruellement plongé, que ie sçay à present combien d'aulne de la dent d'enuie, le pied & la brasse des mains de sa sœur calomnie, valent à vn pauure homme qui n'a que Dieu, que la foi & Iustice pour luy en son foyer.

Car à qu'elle fin m'a-on mis sur vn Parnasse & des liures Satiriques, qui sont milles fois plus diaboliques & pleins de crasse, que ne furent iamais ceux de Nume Pompille, que le diable emporta? Pourquoy à vn pauure innocent, creature d'vn seul Dieu, par qui il vit, par qui il a vescu & en l'estre, & par lequel en fin il doit reuiure, ou bien mourir, dire qu'il a escrit en niant ce Dieu mesme, que *qui le craint ne craint rien*, sinon chercher du mal où il n'y en eust iamais?

Helas par cecy seul on le void! d'autant que posé le faict que ie l'eusse ainsi enseigné, s'est-il iamais ouy parole plus vraye dans le monde que celle là, ny sentence mieux receuë des Chrestiens, mes chers freres, qu'elle est, la preuue s'en void tous les iours à nos yeux: la raison nous la fait cognoistre, ainsi que la verité va sans cesse battant à nos portes, & nous disant qu'il est vn Dieu, qui tout a fait de rien, & qui au mesme rien peut toutes choses retourner.

Qui que tu sois donc, ô homme couuert de chair, r'enforcé d'os abbreuué de sang, nourry & substanté des pauures fruicts, que la terre & la mer engrossees de l'air & du feu leurs chers maris, par la force & mouuement iournalier du Soleil (symbole tres-asseuré de ce vray Dieu) te produisant sous sa main, ne m'accuse point d'auantage du vice d'atheisme, car à luy mesme ne plaise que tel mal ait iamais pris racine en mon cœur, mais seulement apprens à le craindre comme il doit estre craint.

Craint, dis-je, que ie te crains, ô face estincellante (aux yeux tres-clairs-voyans, tant le bien que le mal) & que tu és à craindre, ô Maiesté supreme! ô essence eternelle dans la voûte sacree & azuree des
plus

plus hauts Cieux, puis que c'est toy, qui perpetuellement entouree de tes Angeliques oyseaux, iugeras comme Dieu deuant eux, non seulement les Roys, Princes & Potentats de la terre, mais quant & quant tous les hommes, selon leurs œuures au dernier iour.

Dieu seul que tu fus dés toute eternité, Dieu que tu és à present, & Dieu de tout le monde que tu seras à iamais si bien aueré & confessé, non seulement par tes Anges & esprits bien heureux, mais encore par les bestes brutes de la terre, & oyseaux de l'air, que mesmes les vegetaux & les choses inanimees, y prenant par chacun en son langage tant muet que parlant, i'asseure à l'homme fol, qui seroit si vrayemét fol que d'en douter en son ame.

Ne vomissez donc plus, ô miserables athees & mescreans des anciens ans passez, vos execrables blasphemes contre luy, taisez-vous Pytagore & Protagore, auec vous tous autres leurs sectateurs car vostre Python est mort, vostre Cerbere en pieces, vos allectes tysiphones & megeres vaincuës & abbatuës, tant par le Soleil & la Lune mesme, que par toutes autres creatures qui vont & qui se tiennent ferme en l'Vniuers, duquel il est grandement craint & adoré.

Craint derechef, ie le dy comme il doit vrayement l'estre, & de mesme adoré de tous hommes mortels en singulier, puis qu'il est celuy lequel sçait si bié punir le vice & recópenser la vertu, que soit l'vn ou soit l'autre: il absout & condamne ores de l'vne & ores de l'autre main, depuis la premiere generation de pere à fils, iusqu'à la quatre & cinquiesme, ne laissant rien en arriere, tant il est bon, tant il est iuste, sçauant & droit en toutes sortes d'arts.

Rien, que dis-ie, ne rester en arriere de luy? sinon que deuant luy, ny apres luy il n'y a rien, c'est à dire que hors de sa puissance immense, qui est sans borne, sans milieu, sans commencement & sans fin, il n'y a chose quelconque laquelle se puisse dire & moins penser à qui que ce soit au monde ny au ciel de bien-heureux: partant que ce mesme rien n'estant ny corps ny ombre, essence ny figure n'est à craindre, mais tant seulement celuy qui de ce rien a tout fait & creé.

Qui donc le voudra mettre en ce rien, & ce rien esgaler à son estre inflexible, est vn athee: qui est vn athee est pis que le plus grand diable d'enfer (par ce que les diables le confessent & le publient à tous propos, autrement eux mesmes ne seroient pas creus auoir vn estre (qui est vn diable doit estre declaré son ennemy, & en ceste qualité bruslé vif, & ces cendres iettees auec son ame és abysmes tenebreux de la mort eternelle, où gisent toutes sortes de cuisants maux.

Mais au contraire qui le confessera de cœur, l'adorera de bouche, luy seruira de corps (car c'est la partie plus difficile à dompter) l'aymera d'ame & toutes ses forces, luy obeira de volonté, & le craindra de tous ses membres en Iesus son vray fils, sera de luy confessé, de luy aymé, chez luy logé, & de luy tellement bien defendu contre toutes sortes d'ennemis, qu'il pourra vrayement dire en son cœur, & chanter haut en son ame par vn delectateur couuert, *que qui craint Dieu, ne craint rien.*

Partant, ô chere muse des cachots, noirs, que i'ay pour tout plaisir & passe-temps icy, chanté & rechanté de grace deuant les yeux maiestueux de mon Roy qu'aucune loy ne fut iamais mieux faite en terre, que celle de croire vn Dieu au ciel, pour regir l'vniuers, & ça bas vn Roy de sa main, pour en singulier gouuerner sagement les hommes, les tenir en ceruelle, leur donner bon exemple, & luy rendre compte vn iour de toutes leurs actions.

Hiboux des Conciergeries, & souris chauues des vieilles eauës soustaines, qui m'enuironnez de tous costez, sortez de ces bas lieux ie vous prie, pour auec les alcions de la mer, les rossignols des campagnes, les merles & sansonnets des bois, les linots, les chardonnerets & les tarins des beaux iardins, auec toutes autres fortes d'oifeaux (d'agreable ramage) chanter tous d'vne voix, que la Croix de Iefus mon Sauueur, eft de tous hommes l'vnique bon-heur, en ce monde & en l'autre affeurement.

Et vous fale vermine des lieux obfcurs que ie voy maintenant manger & boire aupres de moy, voires auec moy en mefme efcuelle & gobelet, ce que la deplorable mifere d'vn pauure homme affligé de toutes fortes de malheurs me donne de iour à autre pour ma prouifion, vous dif-je, taupes aueugles qui ne voulez iamais voir le Soleil qu'en mourant, vous rats venimeux, fouris, afpics, ferpens, viperes & crapaux dont les morceaux font pour les diables & pour l'enfer.

Sortez pareillement, soit de gré? soit de force d'icy, l'autheur de la terre & le facteur des Cieux, ainsi le veut, pour auec les chats, les chiens, les renards, loups, ours, lions, dragons, rinocerots, elephans, bœufs, cheuaux, chevres, brebis, truies, pourceaux & toutes autres sortes d'animaux brutallement terrestres, faire vn concert de musique, & bien chanter disant à son honneur, que maudits sont tous ceux qui le nieront & damnez seront à iamais.

Vous petits ruisselets d'ordures & d'immondices coulantes & distilantes tant des priuez d'icy proches, qu'autres lieux putrefaits & corrópus en la ville, qui m'allez assaillant de toutes parts, ainsi que monstres affamez de ma chair, lesquels ne taschent d'heure à autre sinon de leurs haleines puantes à m'estouffer

& me faire perdre courage auec la vie pour cruellement apprehender la mort, en ces autant profondes fosses, que les cerueaux y sont creux.

Toy ô terre fangeuse & boüeuse qui me sers à present de lict d'honneur, cependant que tes exhalaisons puantes, tes vapeurs & fumees encloses de ces vieux murs m'embaument tellement les sens & la vie, par le combat furieux qu'elle se font l'vne l'autre, taschant à voir le iour en la vraye Cour du beau Soleil luisant, que ie suis prest maintenant de te rendre mon corps & au Ciel l'ame, que i'ay de vous deux receu, si ie n'ay bien tost son ayde, & son diuin secours.

Retire toy donc de moy, ie te supplie, sans plus longuement me tenir au martyre, de tes prisons, pour te portant és riches iardins de Vertumne,

Vertumne, de Priappe, d'Adonis, Pomone, & des belles Hesperides aux pommes d'or (gardees par vn Dragon) y produire cent mille nobles plantes, & esclatter à la loüange de leur autheur mon Sauueur, vn nombre infiny, tant de fleurs, comme tulypes, peaulnes, mandragores, hyacinthes, lys, roses, œillets, violettes, marguerittes & autres, que de fruicts d'admirable bonté.

Et vous pierres roüillees, qui remoüillees en toutes saisons de l'an, me tenez estroittement enclos & resserré comme si i'estois du sable, & vous autres vn pochon, cependant que vos massiuetez opaques m'empeschent, helas! par vn cruel eclypse de voir de nuict la Lune, assistee d'vn milion d'estoilles, courir hastiuement le Cerf, & au matin le iour aussi tost que l'Aurore, auec la

Bb

flâboyante lumiere du celeste Soleil dont mon œil est par ainsi aueugle.

Departez-vous donc de moy, en me quittant la place, ô terreur & horreur des pauures prisonniers, fendez-vous, afin que ma veuë passe au trauers de l'air, pour non seulement vous voir prendre pays aux Indes parmy vos nobles sœurs, diamans, esmeraudes, scarboucles, saphirs, rubis, berils, opales, & autres leur voir ietter & esclatter aupres des belles peries autant de feux, que Dieu en a à chacune donné.

Mais aussi pour lors hautement benir, & loüanger ce mesme Dieu, que ie chante, que ie confesse, & que ie croy dés les premiers iours de mon aage discret, estre vn en trois personnes, distinctes l'vne de l'autre, mais toutesfois si bien iointes enfemble, que de fait les trois ne sont qu'vne essence, qu'vne mesme puissance, qu'vne mesme science & bonté au seul Estre des Estres qui sont en l'Vniuers, cependant que la premiere de ces trois personnes, est le pere sans priorité pourtant à l'esgard de son fils.

Ce Fils, la seconde sans aucune posterité de mesme à son pere, d'autant qu'il l'a engendré de toute eternité au sein de son amour. Et ce mesme amour la troisiesme, qui procedant d'eux deux seuls (aussi sans priorité ny posterité de l'vn à l'autre parce qu'il est pareillement eternel) & ce à la maniere qu'on veoid proceder vne belle & claire flamme au milieu de deux tisons bien allumez & ioints ensemble, est aussi de là appellé flamme, ou Esprit Paraclet, qui illumine tout le monde de ses diuins rayons.

Et finalement seruir mon Roy en la rase campagne de ses commandements, loüer son Sceptre, son diadesme & sa Iustice, auec les saincts Senateurs de son diuin Palais, pour en particulier s'estre comme lyons pleins de courage porté à defendre la cause de leur Dieu (qui est le mien) contre les dents, les vomissemens & les griffes mortelles des Athees, lesquels luy pensant faire guerre en renards, m'ont cauteleusement & à mon desceu pris la meilleure partie de mon manteau pour s'en couurir.

Maudits soient-ils donc à iamais, puis qu'ils sont la seule cause de mon mal, damnez & condamnez soient leurs vers, leurs poësies & satyres, qu'ils ont eux mesmes attraits d'enfer pour me faire ainsi languir & bien souffrir en ses obscurs ca-

ueaux, qu'en haine & execration
perdurable soient donc ces œuures
de Satan qui me detiennent icy à
tort, & que cependant viue Dieu
dans le ciel, regne mon Roy sur
terre, & soit son Parlment de Paris
reueré par tout le monde, comme
vn second Soleil triomphant de
Niobe, & de tous ses enfans.

RESPONSE DE LA
PENITENCE DE
Theophile.

APRES auoir leu tes souspirs,
Tes plaintes & tes desplaisirs,
Ton cœur touché de repentance,
Qui monstre aux humains la raison,
Que tu demande en la saison,
Le suiet d'vne penitence.

Bien que ton esprit soit si beau,
N'ouurira iamais le tombeau,
Pour mieux enserrer la malice,
Et quelqu'enuieux remply d'effort,
Qui va semant tout le discord
Entre ton bien & la Iustice,

Mais espere que desormais,
Tu pourras recouurir la paix,
Puis que la Muse fauorise,
L'esprit & le cœur qui conduit
Ton vray dessein, qui tousiours suit
Le chemin de la saincte Eglise.

Ces escrits qui sont si parfaits,
Viendront à tes plus grands souhaits,
Alors qu'on admire l'ouurage
Et ce beau labeur qui florit,
Que la prompte main a escrit,
Fourny de force & de courage.

Tu prends pour chef S. Augustin,
Afin d'appuyer le destin,
Et qu'il soit pour toy fauorable,
Contre cet effort malheureux,

Que t'imposent les enuieux,
Disant que ton fait est coulpable.

 Ce grand Sainct qui loge en ces lieux,
Parmy les Anges glorieux,
Soudain entends toute ta plainte,
Lors que tu fais ton oraison,
Au lieu plus creux de la prison,
Soit de cris, de pleurs & de crainte.

 Laisse dire tous ces propos,
Qui n'ont en eux aucun repos,
C'est le commun bruit du vulgaire,
D'animer plustost la fureur,
Qui pourroit croupir en ton cœur,
Pour te remettre en la misere.

 Iamais Dieu ne fuit le pecheur
Et l'humilité de ton cœur,
Bien que la douleur soit tardiue,
Pourtant il ne reiette bas,
Quand ce seroit mesme au trespas,
L'ame de ce pecheur craintiue.

 Quand tu seras en liberté,
Mets toy en toute seureté,

En fuyant la rigueur des Princes:
Car trop parler entre les Roys,
C'est abolir les sainctes loix,
Et fouler aux pieds les Prouinces.

    Les tombeaux ne seront ouuerts,
Pour enseuelir tous tes vers,
Sinon vne langue importune,
Qui vient blasphemer contre toy,
Que tu erre en la saincte foy,
Par ta liberté si commune.

    C'est le dire des medisans,
Qui frequentent les Courtisans
Que tu auras perdu ta gloire
Ayant trop esté dans ce lieu,
Qui te fait souuenir de Dieu
Nourrissant en toy la memoire.

    Si tu veux iouyr de ce don,
Ne mets cét art à l'abandon,
De crainte qu'on y prenne enuie,
A suiure le style doré,
De ton poëme reueré,
Rauissant ton fruit & ta vie.

                           Bien

Bien que l'esprit nous appartient
La gloire au Seigneur luy conuient,
Pour auoir l'haleine pouſſee,
Dans nos cœurs d'vn ſoufle diuin
Où nous faiſons quelque deſtin
Qui ſert au peuple de riſee.

Et puis que Dieu nous ayme tant,
Donnons luy donc tout noſtre temps
A chanter ces grandes loüanges,
Afin qu'il nous place à ſon gré
Dans le ciel au plus haut degré,
Parmy la muſique des Anges.

Chacun dit qu'en ton repenty,
Tu t'es ſeulement conuerty,
Pour adoucir la meſdiſance,
Qui comme ſoudain ce labeur,
Enſeueliſſant ton bonneur
De ce bruit qui court par la France.

Lors que tu ſenty le tourment,
D'eſtre lie eſtroittement,
Les humains vont iettant l'amorce,
Il faut punir ſelon les loix

Cc

En criant tous à haute voix,
Voicy donc la muse qu'on force.
   O coup vrayment plein de pitié,
Qui te fait perdre l'amitié,
Que la Muse auoit conseruee,
Baignant leur soing dans le soucy
Pourquoy tu estois mis icy,
Ou ta science reseruee.
   L'on pourroit dire en mes effects,
Que ie soutiendray les forfaits
D'vne mechanceté cogneuë;
Non au contraire seulement,
Ie creuserois le monument,
Afin qu'elle y soit toute nuë.
   Mon esprit estant oppreßé
N'a pourtant iamais delaißé,
Ma langue ne sera muette,
De chanter par tout l'vniuers
La gloire & l'honneur de ces vers
Qui donne loüange au Poëte.
   Toy qui est dedans ces bas lieux
Recognoy donc le Dieu des Dieux

Et toute sa Saincte puissance,
Priant tousiours S. Augustin,
Qu'il fauorise le destin
Monstrant par là ton innocence.

RESPONSE A LA PRIERE
de Theophile par les Poëtes.

TOY à qui i'adresse l'honneur,
De mes vers qui touche ton cœur
En ta priere fauorable,
Que ton esprit en vn moment,
Produit d'vn effect si loüable.
Bien qu'il se voye au monument.
Au contraire ta prompte main
A prise la plume soudain,
Ainsi que la Muse t'inspire,
De chanter loüange à ses vers,
Que de ta plus mignarde lire,
Tu ressonne par l'Vniuers.

Car tous ces esprits les plus beaux,
Ouuriront par toy les tombeaux
Afin d'engloutir tes complaintes
Et le bien heureux Augustin,
De toutes ces prieres sainctes,
Fauorisera ton destin.

Toy qui mets ces vers en auant
Qui poursuiuent le plus souuent,
Le Parlement & la Iustice,
Afin qu'il aye esgard à toy,
Et que d'vn si cruel supplice,
Ils ne te condamne en la loy.

Faut-il qu'vn si malheureux sort,
Qui te veux porter à grand tort
Son nombre à ta clarté nouuelle,
Que tu vas iettant dans les cœurs,
Auec vne seule estincelle
D'vn de tes plus rares labeurs.

Ressouuient toy que tes escris,
Ont esté des plus beaux épris,
Tousiours en grande reuerence,
Voyant que dans l'obscurité,

Tu n'as laißè en patience,
Celle là qui t'a allaitté.

Bien que tu sois parmy les fers,
Au lieu plus noir que les enfers
Où le Soleil perd sa lumiere,
Qui te fait souffrir vn tourment:
Mais la vertu de ta priere,
Adoucira le Parlement.

L'espoir que tu as de sortir,
Fait incontinent repentir,
Tes pauures Muses enchaisnees
Estroitement au dur lien,
Où elles estoient destinees,
Pour estre cause de ton bien.

Tes pleurs, tels plaintes & souspirs
Qui renflamment tous tes desirs,
Ne tariront point les fontaines
De ceux qui iettent la fureur,
Au bruit des langues inhumaines,
Qui sont causent de ton malheur.

Si tu as par trop offencé
Durant ton courage insencé,

Les Dieux & toute leur puissance,
Mets là ton vice à l'abandon,
Et d'vn cœur remply d'innocence,
Demande leur-en le pardon.

   Mais quoy l'on di: que tes ennuits,
Qui ce font par toy iour & nuits,
Sont au plus loing de ta pensee,
Et si tu és en liberté,
Tu feras ainsi que rosee,
Distiller ta meschanceté.

   Non, non, humains ne croyez pas,
Le bruit qui se seme icy bas,
Ie pleigeroy plustost ma force,
Et y employer au besoin,
Pour effacer toute l'amorce
Qui le luy fait ronger son foin.

   Alors mon cœur a dit ainsi;
Tes escrits m'ont mis en soucy
Ayant brisé toutes les portes,
Dont ma plume en sent la douleur,
Et l'esprit du ieune Desportes,
Qui suit les pas de ta douceur.

Ny vous Malherbe, *ny vos vers*,
N'estimeront point l'Vniuers,
Pour mieux secourir la foiblesse,
De celuy plein d'estonnement,
Dedans ce lieu où la tristesse
Le rend proche du monument.

Hardy, que le Ciel a beny
Cependant qu'il nous a fourny
De vers qui consacre la gloire,
De nos Muses sur les Autels.
Qu'on dresse à des Dieux pour memoire,
De rendre leurs noms immortels.

Ne crain point, mais asseure toy,
De te reuoir proche du Roy,
Où ton esperance s'appuye,
Si tu viens à garder la paix
Et que ton pouuoir ne l'essuye:
Ains conserue là à iamais.

Et si tu sors de la prison,
Retire toy en la maison,
D'vn amy qui te fauorise,
Et ne mesle plus ton soucy

Parmy ceux qui cauſe ta priſe
Quand tu ſeras mis hors d'ici.

  Titie en ces grandes douleurs,
Ne vid iamais tant de malheurs,
Briguer ainſi en ſa fortune,
Où la Muſe en a plus ſouffert,
Au bruit d'vne trouppe commune,
Qu'il ne fait au creux de l'enfer.

  Le peuple qui force les loix,
Sans raiſon crie à haute boix,
Iettez au feu toute l'ouurage,
De cil qui merite la mort,
Ce diſent leurs cœurs pleins de rage,
Que lui-meſme ſente l'effort.

  Puis que ce fait eſt malheureux,
Garde toi de ces enuieux,
Qui pourſuiuent ton innocence,
Afin que l'obſcure priſon
Te ſoit donnée en recompenſe
Pour te ſeruir d'vne maiſon.

THYRSIS

THYRSIS A L'AFFLIGÉ Alexis, ou à Theophile penitent.

ALexis ie voy bien que la triste fortune,
Et les rudes assauts dont le ciel t'importune,
Me deuroient esmouuoir à te donner la
main,
Sans te laisser tomber sous vn ioug inhu-
main:
Mais n'est-ce pas assez de repandre des
larmes,
Pour moüiller ton buscher, & comme par
des charmes,
Esteindre le flambeau dont l'amour of-
fensé,
Que les traits de tes vers l'ont luy-mesme
blessé,

Allume deſſous toy pour le reduire en poudre,
Afin d'en eſlancer les carreaux de ſa foudre?
Si ce feu ne craint pas vn deluge de pleurs,
Et qu'au vent des ſouſpirs, teſmoins de mes douleurs,
Ceſt ardant Phlegeton où ton idole nage,
S'enfle te menaſſant toy meſme de naufrage,
Quel remede à tes maux? quoy pour te garantir
Tu m'oſes expoſer aux coups du repétir?
Te plaignant que vers toy mon courage eſt de glace,
Meſmes dans le braſier tu veux que ie t'embraſſe?
Alexis c'eſt ainſi que ie te ſuis donc cher?
Tu bruſle d'amitié, mais c'eſt dans le bucher:
Par tout ailleurs ie voy ton ame conuertie

Es marbres les plus durs de la froide Scythie.
Quand l'astre malheureux qui secondoit le iour,
Que gemissant tu vins à ce mortel seiour,
Auroit de ses rayons eclairé ma naissance
Et corrompu mes sens de sa noire influëce
Plus qu'vn monstre d'enfer me rendant odieux,
Aux hommes de la terre & aux Anges des Cieux,
On ne verroit pourtant ma veine ensanglantee
Par des vers si picquans purger ma renommee.
Si mon cœur bondissoit, en vuidant ses humeurs,
Ie ferois voir au iour mes innocentes mœurs,
Au cristal doux coulant de la saincte fontaine,
Puis noyerois dedans les chaleurs de ma peine,

Dd ij

Côme Arion i'irois au port de mon salut,
Coulant deſſus les eaux à cet air de mon lut.
O dieux qui preſidez à la vague profonde
Moderans les ardeurs du bas centre du monde,
Trempez ce mont Gibel par Vulcan alumé,
Et ne permettez point que i'y ſois conſumé!
Nimphes de l'Ocean affables, Nereïdes,
Preſſurez dans ce feu vos beaux cheueux humides,
Et de vos vaſes d'or, y reſpandant des flots
Acheuez de l'eſteindre au vent de vos ſanglots!
Tritons aux pieds aiſlez, trompettes de Neptune,
Rappellez du buſcher mon heureuſe fortune;
Ainſi mon cher Phœbus, repoſant deſſous l'eau,

N'eblouyssez vos yeux des rais de son
 flambeau,
Et ne vous face point sentir dans vostre
 gouffre,
La chaleur des tourmens que l'on veut
 que ie souffre.
 Ie n'ay desaduoüé le pouuoir immortel,
Ny pour defier Dieu presenté le cartel;
Hé! quel monstre eust iamais vne ame si
 farouche,
Mon cœur seroit-il donc dementy par
 ma bouche,
Complaisant à l'humeur de ce siecle de
 fer,
Qui n'a pour son obiect que les couleurs
 d'enfer,
Ay-ie peint mes cahyers de la couleur
 bourbeuse,
Qui distille du sein de la nuict tenebreuse?
Non, ce mortel poison degenerant en vers
N'a corrompu mes sens par ses effects
 diuers.

Vous qui ne caressez qu'vne Muse folastre,
Et dont l'amour apres ses beautez idolatre,
Leuez ores vostre œil de dessus ses escris
Et prestez vos oreilles aux accens de mes cris :
C'est assez adoré Venus & sa puissance,
Flechissons les genoux deuant la penitence,
Hermite retiré dedans vn antre creux
Ie ne pais mon esprit que de pensers affreux,
De crois & d'ossemens, & de tombes fatales :
Venez de toutes parts matieres sepulchrales ;
La mort est maintenant l'Apollon que ie suis,
Parmy la triste horreur des manes où ie suis :
L'archer au dos aislé d'autant qu'il ne voit goutte

Ne me trouuera point fous cefte noire
voulie;
Ou s'il viēt en oyfeau funefte de la nuict,
Mes larmes efteindront fon brandon qui
me nuict,
Ie te tiendray captif dans ce lieu folitaire
Où le filence apprend aux ombres de fe
taire,
Et ie donneray lors ceft exemple à la
Cour,
D'auoir auant ma mort triomphé de
l'amour.
 Apres auoir efteint fes ardantes flamef-
ches,
En vain contre mon cœur il dardera fes
flefches;
La guerriere Pallas fous qui i'ay tant
vefcu
Pour remparer mon fein m'a prefté fon
efcu,
Deteftable auorton d'vne mere felonne
Ie te veux oppofer le chef de la Gorgonne:

Pleust au Ciel que ses yeux te voyant approcher
T'eussent roidy le corps en vn triste rocher!
Tu n'yrois à tastons de tes mains enfantines,
Espiant les destours des mortelles poictrines :
Au lieu que maintenant tu nous viens attaquer
Pour te faire venir il faudroit t'inuoquer,
Et nos vœux espurez au feu du sacrifice
Embrassans la vertu detesteroient le vice:
Mais quoy? tu ne crains pas tes funestes regards
Que ce fier Basilic lance de toutes parts?
Leur trait plus aceré de sa pointe ne passe
Ce crespe delié qui t'ombrage la face :
Pourtant si Iupiter m'arrache de tes mains
Ie ne suiuray le cours du reste des humains;

Ie defie ton arc, ton adreſſe & tes ruſes
Trop foibles contre l'art d'Apolon &
des Muſes.

LA MAISON DE SILVIE
par Theophile.

ODE I.

POVR laiſſer auant que mourir
Les traits viuans d'vne peinture
Qui ne puiſſe iamais perir
Qu'en la perte de la Nature,
Ie paſſe des crayons dorez
Sur les lieux les plus reuerez,
Où la Vertu ſe refugie,
Et dont le port me fut ouuert
Pour mettre ma teſte à couuert
Quand on bruſla mon effigie.

 Tout le monde a dit qu'Apollon
Fauoriſe qui le reclame,

Ee

Et qu'auec l'eau de son valon
Le sçauoir peut couler dans l'ame;
Mais i'estouffe ce vieil abus,
Et banis desormais Phœbus
De la bouche de nos Poëtes;
Tous ces Temples sont demolis
Et ses Demons enseuelis
Dans des sepultures muettes.

 Ie ne consacre point mes vers,
A ces idoles effacees
Qui n'ont esté dans l'Vniuers,
Qu'vn faux obiect de nos pensees,
Ces fantosme n'ont plus de lieu,
Tels qu'on dit auoir esté Dieu,
N'estoit pas seulement vn homme
Le premier qui vit l'Eternel,
Fut cest impudent criminel
Qui mordit la fatale pomme.

 Tous ces Dieux de bronze & d'airain
N'ont iamais lancé le Tonnerre,
C'est le dard du Dieu souuerain
Qui crea le Ciel & la Terre,

Hâ! que le céleste courroux
Estoit bien embrazé sur nous,
Lors qu'il fit parler ces Oracles,
Et que sans destourner nos pas
Il nous vit courir aux appas,
De leur pernicieux miracles.

Satan ne nous fait plus broncher
Dans de si dangereuses toiles,
Le Dieu que nous allons cercher
Loge plus haut que les estoilles,
Nulle diuinité que luy,
Ne me peut donner auiourd'huy
Ceste flame ou ceste fumee,
Dont nos entendemens espris
S'efforcent à gagner le prix,
Que merite la renommee.

Apres luy ie m'en vais loüer
Vn image de Dieu si belle,
Que le Ciel me doit aduoüer
Du trauail que ie fay pour elle:
Car apres ses sacrez Autels,
Qui deuant leurs feux immortels

Font aussi prosterner les Anges,
Nous pouuons sans impieté
Flater vne chaste beauté
Du doux encens de nos loüanges.

   Ainsi sous de modestes vœux
Mes vers promettent à Siluie,
Ce bruist charmeur que les neueux
Nomment vne seconde vie?
Que si mes escris mesprisez
Ne peuuent voir authorisez,
Les tesmoignages de sa gloire,
Ces eaux, ces rochers & ces bois
Prendront des ames & des voix
Pour en conseruer la memoire.

   Si quelques arbres renommez
D'vne adoration profane,
Ont esté iadis animez
Des sombres regards de Diane;
Si les ruisseaux en murmurant
Alloient autrefois discourant,
Au gré d'vn Faune ou d'vne Fee,
Et si la masse du rocher,

Se laissa quelquefois toucher
Aux chansons que disoit Orphee.

 Qu'elle dureté peut auoir
L'object que ma Princesse touche,
Qu'elle ne puisse le pouruoir
Tout aussi tost d'ame & de bouche?
Dans ses bastimens orgueilleux
Dans ses pourmenoirs merueilleux
Qu'elle solidité de marbres
Ne pourront penetrer ses yeux,
Qu'elles fontaines & quels arbres
Ne les estimeront des Dieux?

 Les plus durs chesnes entrouuerts
Bien plustost de gré que de force,
Peindront pour elle de mes vers
Et leur fueilles & leur escorce,
Et quand ils les auront grauez
Sur leurs fronts les plus releuez,
Ie sçay que les plus fiers orages
Ne leur oseront pas toucher,
Et pourront plustost arracher
Leur racines & leur ombrages.

Ie sçay que ces miroirs flotants
Où l'obiect change tant de place,
Pour elle deuenus constans
Auront vne fidelle glace,
Et sous vn ornement si beau
La surface mesme de l'eau,
Nonobstant sa delicatesse
Gardera seurement encrez
Et mes characteres sacrez,
Et les attraits de la Princesse.

Mais sa gloire n'a pas besoin
que mon seul ouurage en responde,
Le Ciel a desia pris le soin
De la peindre par tout le monde,
Ses yeux sont peints dans le Soleil,
L'Aurore dans son teint vermeil
Void ses autres beautez tracees,
Et rien n'esteindra ses vertus
Que les Cieux ne soient abatus,
Et les estoilles effacees.

ODE II.

Vn soir que les flots mariniers
  apreſtoient leur molle littiere,
Aux quatre rouges limonniers
qui ſont au ioug de la lumiere,
Ie panchois mes yeux ſur le bort
D'vn lict où la Naiade dort
Et regardant peſcher Siluie
Ie voyois battre les poiſſons
A qui pluſtoſt perdroit la vie
En l'honneur de ſes hameçons.

D'vne main defendant le bruict,
Et de l'autre iettant la line,
Elle fait qu'abordant la nuict
Le iour plus bellement decline,
Le Soleil craignoit d'eſclairer,
Et craignoit de ſe retirer,
Les eſtoilles n'oſoient paroiſtre,
Les flots n'oſoient s'entrepouſſer
Le Zephire n'oſoit paſſer,
L'herbe ſe retenoit de croiſtre.

Ses yeux iettoient vn feu dans l'eau,
Ce feu choque l'eau sans la craindre,
Et l'eau trouue se feu si beau
Qu'elle ne l'oseroit esteindre,
Ses Elemens si furieux
Pour le respect de ses beaux yeux
Interrompirent leur querelle
Et de crainte de la fascher
Se virent contraints de cacher
Leur inimitié naturelle.

 Les Tritons en la regardans
Au trauers leur vitres liquides,
D'abord à cet obiect ardant
Sentent qu'ils ne sont plus humides,
Et par estonnement soudain,
Chacun d'eux dans vn corps de dain,
Cache sa forme despoüillee,
S'estonne de se voir cornu,
Et comment le poil est venu
Dessus son escaille moüillee.

 Souspirant du cruel affront
Qui de Dieux les a fait des bestes,

E

Et sous les cornes de leur front
A courbé leur honteuses testes,
Ils ont abandonné les eaux
Et dans la riue ou les rameaux,
Leur ont fait vn logis si sombre,
Promenant leurs yeux esbaïs
N'osent plus fier que leur ombre,
A l'estang qui les a trahis.

 On dit que la sœur du Soleil
Eust ce pouuoir sur la Nature,
Lors que d'vn changement pareil
Acteon quitta sa figure,
Ce que fit sa diuine main,
Pour punir dans vn corps humain,
Sa curiosité profane
S'est fait icy contre les Dieux,
Qui n'auoient approché leurs yeux
Que des yeux de nostre Diane.

 Ces dains que la honte & la peur
Chasse des murs & des allees,
Maudissent le destin trompeur
Des froideurs qu'il leur a volees,

F f

Leur cœur priué d'humidité
Ne peut qu'auec timidité
Voir le ciel ny fouler la Terre,
Où Siluie en ses promenoirs
Iette l'esclat de ses yeux noirs,
Qui leur font encor' la guerre.

Ils s'estiment heureux pourtant
De prendre l'air qu'elle respire,
Leur destin n'est que trop contant
De voir le iour sous son Empire,
La Princesse qui les charma
Alors qu'elle les transforma,
Les fit estre blancs comme neige,
Et pour consoler leur douleur,
Ils receurent le priuilege
De porter tousiours sa couleur.

Lors qu'à petits floquons liez
La neige fraischement venuë,
Sur des grands tapis desliez
Espanche l'amas de la nuë,
Lors que sur le chemin des Cieux
Ses grains serrez & gracieux,

N'ont trouué ny vent ny tonnerre,
Et que sur les premiers coupeaux,
Loing des hommes & des troupeaux,
Ils ont peint les bois & la terre.

 Quelque vigueur que nous ayons
Contre les esclats qu'elle darde
Ils nous blessent & leurs rayons
Esblouyssent qui les regarde,
Tel dedans ce parc ombrageux
Esclatte le troupeau negeux,
Et dans ses vestemens modestes,
Où le front de Siluie est peint,
Fait briller l'esclat de son teint
A l'ennuy des neges celestes.

 En la saison que le Soleil
Vaincu du froid & de l'orage,
Laisse tant d'heures du sommeil
Et si peu de temps à l'ouurage,
La nege voyant que ces dains
La foulent auec des desdains
S'irrite de leurs bons superbes,
Et pour affermer ce troupeau

Ff ij

Par despit sous vn froid manteau,
Cache & transit toutes les herbes.
　　Mais le parc pour ses nourrissons
Tient assez de creches couuertes,
Que la nege ny les glaçons
Ne trouuerent iamais ouuertes,
Là le plus rigoureux hyuer
Ne les sçauroit iamais priuer,
Ny de loge ny de pasture
Ils y trouuent tousiours du vert,
Qu'vn peu de soin met à couuert
Des outrages de la Nature.
　　Là les faisans & les perdrix
Y fournissent leur compagnies,
Mieux que les hales de Paris
Ne les sçauroient auoir fournies,
Auec elle voit-on manger
Ce que l'air le plus estranger
Nous peut faire venir de rare,
Des oyseaux venus de si loing
Qu'on y void imiter le soing
D'vn grand Roy qui n'est pas auare.

Les animaux les moins priuez,
Aussi bien que les moins sauuages,
Sont esgallement captiuez
Dans ces bois & dans ses riuages,
Le maistre d'vn lieu si plaisant
De l'hyuer le plus mal faisant,
Desfie toutes les malices
A l'abondance de son bien,
Les Elemens ne trouuent rien
Pour luy retrancher ses delices.

ODE III.

Dans ce Parc vn valon secret,
Tout voilé de ramages sombres,
Ou le Soleil est si discret
Qu'il n'y force iamais les ombres,
Presse d'vn cours si diligent
Les flots de deux ruisseaux d'argent,
Et donne vne fraischeur si viue
A tous les obiets d'alentour,
Que mesme les martirs d'Amour
Y trouuent leur douleur captiue.

Vn estanc dort là tout au prés,
Où ces fontaines violentes,
Courent, & font du bruit exprés
Pour esueiller ses vagues lentes,
Luy d'vn maintien maiestueux
Reçoit l'abord impetueux
De ces Naiades vagabondes,
Qui dedans ce large vaisseau
Confondent leur petit ruisseau
Et ne discernent plus ses ondes.

Là Melicerte en vn gazon,
Frais de l'estanc qui l'enuironne
Fait aux Cygnes vne maison
Qui luy sert aussi de couronne,
Si la vague qui bat ses bors
Iamais auecques des thresors
N'arriue à son petit Empire
Au moins les vents & les rochers
N'y font point crier les nochers
Dont ils ont brisé les nauires.

Là les oyseaux font leurs petits,
Et n'ont iamais veu leurs couuees,

Souler les sanglots appetits
Du serpent qui les a trouuees,
Là n'estend point ses plis mortels
Ce monstre de qui tant d'autels
Ont iadis adoré les charmes
Et qui d'un gosier gemissant
Fait tomber l'ame du passant
Dedans l'embusche de ses larmes:

  Zephyre en chasse les chaleurs,
Rien que les Cygnes n'y repaissent
On n'y trouue rien sous les fleurs
Que la fraischeur dont elles naissent,
Le gazon garde quelquefois
Le bandeau, l'arc & le carquois
De mill' amours qui se despoüillent,
A l'ombrage de ses roseaux
Et dans l'humidité des eaux
Trempent leur ieunes corps qui boüillent.

  L'estanc leur preste sa fraischeur,
La Naiade leur verse à boire,
Toute l'eau prend de leur blancheur
L'esclat d'une couleur d'yuoire,

On void là ces nageurs ardents,
Dans les ondes qu'ils vont fendants,
Faire la guerre aux Nereides,
Qui deuant leur teint mieux vny,
Cachent leur visage terny
Et leur front tout coupé de rides.

Or ensemble, ores dispersez,
Ils brillent dans ce crespe sombre,
Et sous les flots qu'ils ont persez
Laissent esuanoüir leur ombre,
Par fois dans vne claire nuict,
Qui du feu de leurs yeux reluit
Sans aucun ombrage d. nuës,
Diane quitte son Berger
Et s'en va là dedans nager,
Auecques ses estoilles nuës.

Les ondes qui leur font l'amour,
Se refrisent sur leurs espaules,
Et font danser tout à l'entour
L'ombre des roseaux & des saules;
Le Dieu de l'eau tout furieux
Haussé pour regarder leurs yeux

Et

Et leur poil qui flotte sur l'onde,
Du premier qu'il void approcher,
Pense voir ce ieune cocher,
Qui fit iadis brusler le monde.

 Et ce pauure amant langoureux,
Dont le feu tousiours se rallume,
Et de qui les soins amoureux
Ont fait ainsi blanchir la plume,
Ce beau Cygne à qui Phaëton
Laissa ce lamentable ton,
Tesmoin d'vne amitié si sainčte,
Sur le dos son aisle esleuant
Met ses voilles blanches au vent,
Pour chercher l'obiect de sa plainčte.

 Ainsi pour flatter son ennuy,
Ie demande au Dieu Melicerte,
Si chacun Dieu n'est pas celuy
Dont il souspire tant la perte,
Et contemplant de tous costez
La semblance de leurs beautez,
Il sent renoueller sa flame,
Errant auec des faux plaisirs

Gg

Sur les traces des vieux desirs.
Que conserue encore son ame.
 Tousiours ce furieux deßein,
Entretient ses blesseures fraisches,
Et fait venir contre son sein
L'air bruslant & les ondes seches:
Ces attraits empreints là dedans
Comme auec des flambeaux ardans,
Luy rendent la peau toute noire,
Ainsi dedans comme dehors,
Il luy tient l'esprit & le corps
La voix, les yeux & la memoire.

ODE IIII.

CHaste oyseau que ton amitié,
Fut malheureusement suiuie,
Sa mort est digne de pitié
Comme ta foy digne d'enuie:
Que ce precipité tombeau,
Qui t'en laissa l'obiect si beau,
Fut cruel à tes destinees,
Si la mort l'eust laißé vieillir,

Tes paßions alloient faillir:
Car tout s'esteind par les annees.

   Mais quoy! le sort a des reuers,
Et certains mouuemens de haine.
Qui demeurent tousiours couuerts
Aux yeux de la prudence humaine:
Si pour fuir ce repentir
Ton iugement eut peu sentir,
Le iour qui vous deuoit disioindre,
Tu n'eusse iamais veu ce iour,
Et iamais le trait de l'amour
Ne se fut meslé de te poindre.

   Pour auoir aymé ce garçon,
Encor apres la sepulture,
Ne crains pas le mauuais soupçon
Qui peut blasmer ton aduanture,
Les courages des vertueux,
Peuuent d'un vœu respectueux
Aymer toutes beautez sans crime,
Comme donnant à tes amours
Ce chaste & ce commun discours,
Mon cœur n'a point paßé ma rime.

                  Gg ij

Certains Critiques curieux
En trouuent les mœurs offencees,
Mais leurs soupçons iniurieux
Sont les crimes de leurs pensees:
Le dessein de la Chasteté,
Prend vne honneste liberté,
Et franchit les sottes limites,
Que prescriuent les imposteurs,
Qui sous des robbes de Docteurs,
Ont des ames de Sodomites.

   Le Ciel nous donne la beauté
Pour vne marque de sa grace,
C'est par où sa diuinité
Marque tousiours vn peu sa trace,
Tous les obiects les mieux formez,
Doiuent estre les mieux aymez,
Si ce n'est qu'vne ame maline,
Esclaue d'vn corps vicieux,
Combattent les faueurs des Cieux,
Et demente son origine.

   O que le desir aueuglé,
Où l'ame du brutal aspire,

Est loin du mouuement reglè
Dont le cœur vertueux souspire,
Que ce feu que nature a mis,
Dans le cœur de deux vrais amis
A des rauissements estranges,
Nature a fondè cest amour.
Ainsi les vœux ayment le iour,
Ainsi le Ciel ayme les Anges.

 Ainsi malgrè ces tristes bruits,
Et leur imposture cruelle,
Thyrsis & moy goustons les fruicts
D'vne amitié chaste & fidelle,
Rien ne separe nos desirs.
Ni nos ennuis, ni nos plaisirs,
Nos influences enlassees
S'estreignent d'vn mesme lien.
Et mes sentimens ne sont rien
Que le miroir de ses pensees.

 Certains feux de diuinitè,
Qu'on nommoit autres fois Genies
D'vne inuisible affinitè
Tiennent nos fortunes vnies,

Quelque visage different,
Quelque divers sort apparent,
Qui se lise en nos aduantures,
Sa raison & son amitié,
Prennent auiourd'huy la moitié
De ma honte & de mes iniures.

 Lors que d'vn si subit effroy
Les plus noirs enfans de l'enuie,
Au milieu des faueurs du Roy,
Oserent menacer ma vie,
Et que pour me voir opprimé
Le Parlement mesme animé
Des rapports de la calomnie,
Sans pitié me vit combattu,
De la secrette tyrannie
Des ennemis de ma vertu.

 Thyrsis auecques trop de foy
M'assura comme il est vnique
A qui l'astre luissant sur moy,
De tous mes destins communique:
Il n'eust pas disposé son cours
A commencer les tristes iours,

Dont ie souffre encore l'orage,
Qu'il s'en vint sous vn froid sommeil
De tout ce funeste appareil,
A Damon faire voir l'image.

 Thyrsis outrè de mes douleurs,
Me redit ce songe effroyable,
Qu'vn long train de tant de malheurs
Rendent d'oresnauant aymables;
D'vn long souspir qui deuança
La premiere voix qu'il poussa
Pour predire mon aduanture;
Ie sentis mon sang se geler,
Et comme autour de moy voler
L'ombre de ma douleur future.

ODE V.

DAmon, dit-il, i'estois au lit
 Gouſtāt ce que les nuits noº versẽt,
Lors que le somme enseuelit
Les soins du iour qui nous trauersent
Au milieu d'vn profond repos,
Où nul regard ny nul repos,

N'abusoit de ma fantasie,
Vne froide & noire vapeur
Me transit l'ame d'vne peur,
Qui la tient encore saisie.

 Iamais que lors nostre amitié
N'auoit mis mon cœur à la gesne,
Tu me fis lors plus de pitié
Que Philis ne me fait de peine,
Cest effroyable souuenir
Me vient encore entretenir,
Et me redonne les alarmes
Du spectacle plus ennemy,
Qui iamais d'vn œil endormy
A peu faire couler des larmes.

 Ie ne sçay si le feu d'amour,
Qui n'abandonne point mon ame,
Au deffaut des rayons du iour
Ouurit lors mes yeux de sa flame:
Combien que dans ce froid sommeil
La visible ardeur du Soleil
Se fut du tout esuanoüie,
Ie creus qu'en ceste fiction

l'auois

J'auois libre la function
De ma veuë & de mon ouye.

   Vn grand fantofme foufterrain
Sortant de l'infernalle foffe,
Enroüé comme de l'airain,
Où rouleroit vne carroffe,
D'vn abord qui me menaçoit,
Et d'vn regard qui me bleffoit,
Dreffant vers moy fes pas funebres,
Fier des commißions du fort
Me dit trois fois, Damon eft mort:
Puis fe perdit dans les tenebres.

   Sans doute que leur veritez
Plus puiffantes que leur menfonges,
Touchent plus fort nos facultez,
Et nous impriment mieux les fonges,
Ie retins fi bien fes accens,
Et fon image dans mes fens
Demeura tellement empreinte,
Que ton corps mort entre mes bras,
Et ton fang versé dans mes dras,
Ne m'euffent pas fait plus de crainte.

                        Hh

Apres d'vne autre illusion
Reflechissant sur ma pensee,
Et songeant à la vision,
Qui s'estoit fraischement passee,
Ie songeois qu'encor on doutoit
En quel estat Damon estoit,
Et comme au fort de la lumiere,
Où les obiets sont esclaircis,
Ie condamnois les faux soucis,
De mon illusion premiere.

Mais dans ce doute vn Messager,
Qui portoit les couleurs des Parques,
Me vint de ce fatal danger
Rafraischir les funestes marques,
Vn garçon habillé de dueil,
Qui sembloit sortir du cercueil,
Ouurant les rideaux de ma couche,
Me crie : On a tué Damon:
Mais d'vn accent que le Demon
N'auoit pas esté plus farouche.

Morphee à ce second assaut,
Ostant ses fers à ma paupiere

Me resueilla tout en sursaut,
Et me laissa voir la lumiere:
Ie me leuay deshabillé.
Plus transi, plus froid, plus moüillé,
Que si i'estois sorty de l'onde:
C'estoit au point que l'Occident
Laisse sortir le char ardant,
Où roule le flambeau du monde.

 Cherchant du soulas par mes yeux,
Ie mets la teste à la fenestre,
Et regarde vn peu dans les Cieux
Le iour qui ne faisoit que naistre:
Et combien que ce songe là
Dans mon sang que la peur gela,
Laissast encore ses images,
Ie me r'asseure & me rendors
Croyant que les vapeurs du corps,
Auoient enfanté ces nuages.

 Le sommeil ne m'eut pas repris,
Que songeant encore à ta vie
Tu vins r'asseurer mes esprits
Qu'on ne te l'auoit point rauie,

Hb ij

Il est vray, Thyrsis, me dis-tu,
Qu'on en veut bien à ma vertu,
Là ie te vis dans vne esmeute,
Auancer l'espee à la main
Vers vn portail qui cheut soudain
Et qui t'accabla de sa cheute.

    De là ce songe en mon cerueau,
Poursuiuant tousiours son idee,
Ie te vis suiure en vn tombeau
Par vne foulle desbordee,
Les iuges y tenoient leur rang,
L'vn d'entr'eux espancha du sang,
Qui me iaillit contre la face,
Là tout mon songe s'acheua,
Et ton pauure amy se leua
Noyé d'vne sueur de glace.

    Cher Thyrsis lors que mon esprit
D'vne souuenance importune,
Repense au destin qui t'apprit
Les secrets de mon infortune,
Lors que ie suis le moins troublé
Tout mon espoir est accablé

De la tempeste ineuitable,
Dont me bat le courroux diuin,
Et voicy comment son deuin
A rendu ta voix veritable.

 Ce songe du fatal secret,
Où ma premiere mort fut peinte
Predisoit le cruel decret,
Dont ma ma liberté fut esteinte,
Ce garçon aux vestemens noirs,
Qui sembloit sortir des manoirs,
Qui ne s'ouurent qu'à la magie,
Lors qu'il parla de mon tombeau
Predisoit l'inffame flambeau,
qui consuma mon effigie.

 Thyrsis encore à l'autre fois,
que ceste vision suiuie
Par mes regards, & par ma voix
L'asseura que i'estois en vie,
Se doit assez ressouuenir
Du soucy qui le fit venir
Où i'auois commencé ma fuite,
Lors que sa voix moins que ses pleurs

Me dit ce songe de malheurs,
Dont i'attens encore la suitte.

 Ce songe auec autant de foy
Luy fit voir l'espee & la porte,
Et le peuple à l'entour de moy,
Comme d'vne personne morte,
Quand mes foibles bras alarmez
A cinquante voleurs armez
Voulurent presenter l'espee,
Ie cheus sous vn portail ouuert,
Et fus saisi dans le couuert,
Où ma bonne foy fut trompee.

 Soudain le sieur de Commartin,
Qui porte des habits funebres,
Me fit serrer à Sainct Quentin
Entre les fers & les tenebres;
Depuis tousiours tout enchaisné
Soixante Archers m'ont amené
Par les bruits de la populace
Dedans ce tenebreux manoir,
Où ce sang & les iuges noirs
M'auoient des-ia marqué le place.

ODE VI.

Ainsi prophetisa Thyrsis
Les malheurs que toute vne annee
Par des accidens si precis
A fait choir sur ma destinee,
La furie de mon destin
Luy parut au mesme matin,
Qu'elle respandit sa bruine,
Car le Decret du Parlement
Se donnoit au mesme moment,
Que Thyrsis songeoit ma ruine.

   Mon innocence & ma raison
Pour eschapper à leur cholere,
Appellerent de ma prison
A l'Autel d'vn Dieu tutelaire,
C'est où ie trouuay mon support,
C'est où Thyrsis courut d'abord
Predire & consoler ma peine
Nous estions lors tous deux couuerts
De ces arbres pour qui mes vers
Ouurent si iustement ma veine.

Nous estions dans vn cabinet
Enceint de fontaines & d'arbres,
Son meuble est si clair & si net,
Que l'esmail est moins que les marbres,
Celuy qui l'a fait si polly
Semble auoir iadis demoly
Le grand Palais de la lumiere,
Et pillant son riche pourpris
De tout ce glorieux debris,
Auoir là porté la matiere.

 Pour conseruer mon ornement
Le Soleil le laue & l'essuye,
Car c'est le Soleil seulement,
Qui fait le beau temps & la pluye,
Flore y met tant de belles fleurs,
Que l'Aurore ne peut sans pleurs
Voir leur esclat qui la surmonte,
C'est à cause de cet affront,
Qu'elle monstre si peu son front,
Et qu'on la void rougir de honte.

 L'odeur de ces fleurs passeroit
Le musc de Rome & de Castille,

Et

Et la terre s'offenseroit
Qu'on y bruslast de la pastille,
Le garçon qui se consomma
Dans les ondes qu'il alluma,
Void là tous ses appas renaistre,
Et rauy d'un obiet si beau,
Il admire que son tombeau
Luy conserue encore son estre.

   La Nymphe qui luy fait la cour
Le voit là tous les ans reuiure,
Car son opiniastre amour
La contraint encore à le suiure,
Là le Ciel semble auoir pitié,
Des longs maux de son amitié,
Et permet par fois au Zephyre
De la mener à son amant,
Qui respire insensiblement
L'air des flames qu'elle souspire.

   Echo dedans un si beau feu
Ialouse que le Ciel la voye,
Est inuisible & parle peu
De respect, de honte & de ioye:

Ainsi mes esprits transportez
Se trouuent tous desconcertez,
Quand vne beauté me regarde,
Et mon discours le moins suspect
Trouue tousiours ou le respect,
Ou la honte qui le retarde.

Quand ie vois partir les regards
Des superbes yeux de Caliste,
Qui sont autant de coups de dards,
Où nulle qu'elle ne resiste,
Le tesmoin le plus asseuré,
Qui de mon esprit esgaré
Monstre la passion confuse,
C'est que ie ne sçaurois comment
Le prier d'vn mot seulement,
Que sa voix ne me le refuse.

Ie suiurois l'importun desir,
Qui m'en parle tousiours dans l'ame,
Et prendrois icy le loisir
De parler vn peu de ma flamme
Mais l'entreprise du tableau,
Qui par vn cabinet si beau,

Commence à pourmener la Muse,
Me tient dans ce Parc enchanté
Où le Printemps le plus hasté,
Tousiours cinq ou six mois s'amuse.

 Quand le Ciel lassé d'endurer,
Les insolences de Boree
L'a contraint de se retirer,
Loin de la campagne azuree
Que les Zephires r'appellez
Des ruisseaux à demy gelez
Ont rompu les escorces dures,
Et d'vn soufle vif & serain
Du Celeste Palais d'airain,
Ont chassé toutes les ordures.

 Les rayons du iour esgarez
Parmy des ombres incertaines,
Esparpillent les feux dorez
Dessus l'azur de ces fontaines,
Son or dedans l'eau confondu
Auecques ce cristal fondu,
Mesle son teint & sa nature,
Et seme son esclat mouuant,

I i ij

Comme la branche au gré du vent
Efface & marque sa peinture.

 Zephyre ialoux du Soleil,
Qui paroist si beau sur les ondes,
Trauerse ainsi l'estat vermeil
De ses allees vagabondes;
Ainsi ces amoureux Zephyrs
De leurs nerfs qui sont leurs souspirs,
Renforçant leur secousses fraisches,
Destournent tousiours ce flambeau,
Et pour cacher le front de l'eau
Iettent au moins des fueilles seches.

 L'eau qui fuit en les retardant
Orgueilleuse de leur querelle
Rit & s'eschappe cependant
Qu'ils sont à disputer pour elle,
Et pour prix de tous leurs efforts,
Laissant les ames sur les bords,
De ceste fontaine superbe,
Dissipent toute leurs chaleurs.
A conseruer l'estat des fleurs,
Et la molle fraischeur de l'herbe.

C'est où se couche Palemon,
Qui triomphe de leur maistresse,
Et plein d'escume & de limon,
Quant il veut reçoit sa caresse:
Ainsi n'agueres deux Bergers
Ont couru les sanglants dangers,
Que l'honneur a mis à l'espee,
Et par un malheur naturel
Laissent vainqueur de leur duel
Vn vilain qui pleut à Napee.

ODE VII.

LE plus superbe ameublement,
Dont le seiour des Rois esclate,
L'or semé prodigallement
Sur la soye & sur l'escarlatte,
N'eurent iamais rien de pareil
Aux teintures, dont le Soleil
Couure les petits flots de verre,
Quelle couleur peut plaire mieux
Que celle qui contraint les cieux
De faire l'amour à la terre?

Ce cabinet touſiours couuert
D'vne large & haute tenture,
Prend ſon ameublement tout verd
Des propres mains de la Nature,
D'elle de qui le iuſte ſoin,
Eſtend ſes charitez ſi loin,
Et dont la richeſſe feconde,
Paroiſt ſi claire en chaque lieu,
Que la prouidence de Dieu
L'eſtablit pour nourrir le monde.

 Tous les bleds elle les produit
Le ſep ne vit que de ſa force,
Elle en fait le pampre & le fruict,
Et les racines & l'eſcorce,
Elle donne le mouuement,
Et le ſiege à chaque element,
Et ſelon que Dieu l'authoriſe,
Noſtre deſtin pend de ſes mains,
Et l'influence des humains,
Ou leur nuict ou les fauoriſe.

 Elle a mis toute ſa bonté,
Et ſon ſçauoir & ſa richeſſe;

Et les thresors de sa beauté
Sur le Duc & sur la Duchesse;
Elle a fait les heureux accords,
Qui ioignent leur ame & leur corps;
Bref, c'est elle aussi qui marie
Les Zephyres auec nos fleurs,
Et qui fait de tant de couleurs
Tous les ans leur tapisserie.

 Auec les naturels appas
Dont ce beau cabinet se pare,
La musique ne manque pas
D'y fournir ce qu'elle a de rare,
Ces chantres si tost esueillez,
Qui dorment tousiours habillez,
Quand l'Aurore les vient semondre,
Luy donnent vn si doux salut,
Que Sainct Amant auec son lut,
Auroit peine de les confondre.

 Quand la Princesse y fait seiour,
Ces oyseaux pensent que l'Aurore
A dessein d'y tenir sa cour,
A quitté les riues du More,

Vn sainct desir de l'approcher
Les anime & les fait pancher
Des branches qui luy font ombrage,
Et deuant ces diuinitez
Leur innocentes libertez
Ne craigne rien qui les outrage.

  Leurs cœurs se laissent desrober,
Insensiblement ils s'oublient,
Et des rameaux qu'ils font courber
Quelquesfois leurs pieds se deslient,
Leur petit corps precipité
Se fie en la legereté
De la plume qui les retarde,
Ils planent sur leurs esterons
Et voletent aux enuirons
De Siluie qui les regarde.

  Quand elle escoute leurs chansons,
Leur vaine gloire s'estudie,
A reciter quelques leçons,
De leur plus douce melodie,
Chacun d'eux se trouue rauy
Ils estallent tout à l'ennuy

Leur

Leur thresor caché sous la plume,
Et ses remedes si plaisans
Qui des soucis les plus cuisans
Destrempent toute l'amertume.

 Comme les Chantres quelquefois,
D'une complaisance ignorante.
Mignardant & l'œil & la voix
Deuant les beaux yeux d'Amarante,
Leur plaisir & leur vanité,
Fait qu'auec importunité,
Ils nous prodiguent leurs merueilles,
Et qu'ils chantent si longuement,
Que leur concert le plus charmant
Lasse l'esprit & les oreilles,

 Ainsi l'entretien d'un rimeur,
Enflé des arts & des sciences,
Lors qu'il se trouue en bonne humeur
Vient à bout de nos patiences
Et sans qu'on puisse rebuter
Cest instinct de persecuter
Que leur inspire le Genie,
Il faut à force de parler,

     Kk

Que leur poulmon las de souffler
Fasse paix à la compagnie.

  Ainsi ces oyseaux s'attachans,
Au dessein de plaire à Siluie,
Dans les longs efforts de leurs chants
Semblent vouloir laisser la vie
Leur gosier sans cesse mouuant,
Estourdit les eaux & le vent
Et vaincu de sa violence,
Quoy qu'il veille se retenir
Il peut à peine reuenir
A la liberté du silence.

  Comme ils taschent à qui mieux mieux,
De faire agreer leur hommage,
Leur zele rend presque odieux
Le tumulte de leur ramage,
Leur bruit est ce bruit de Paris
Lors qu'vne voix de tant de cris
Benit le Roy parmy les ruës,
Qu'on le fasche en le benissant,
Et l'air esclatte d'vn accent
Qui semble auoir creuë les nuës.

ODE VIII.

SVr tous le Roſsignol outré,
Dans ſon ame encore alteree,
N'a iamais peu dire à ſon gré
Les affronts que luy fit Terée.
Ses poulmons ſans ceſſe enflammez,
Sont ſes vieux ſouſpirs r'animez,
Et ce peu d'eſprit qui luy reſte
N'eſt qu'vn ſouuenir eternel,
De maudire ſon criminel,
Et l'appeller touſiours inceſte.

 Ce petit oyſeau tout panchè
Où la Princeſſe ſe preſente,
Craint d'auoir le goſier bouché,
Le béc clos, la langue peſante,
Et cependant qu'il peut iouyr
Du bon-heur de ſe faire ouyr,
Luy raconte ſon aduanture,
Et gazoüille ſoir & matin
Sur les caprices du deſtin
Qui luy fit changer de Nature.

Il a de si divers accez
Dans le long recit de sa honte,
Qu'on aura finy mon procez
Quand il aura finy son conte:
Les morts gisans sous Pelion
Toutes les cendres d'Ilion
N'ont point donné tant de matiere,
De faire des plaintes aux Cieux
Que cest oyseau malicieux
En vomit sur son Cimetiere.

 Ce plaisir reste à son mal-heur
Que sa voix qui daigne le suiure,
Afin de venger sa douleur
La fait continuer de viure,
Il ne fait pas bon irriter
Celuy qui sçait si bien chanter;
Car l'artifice de l'enuie
Ne sçauroit trouuer un tombeau,
D'où son esprit tousiours plus beau
Ne reuienne encore à la vie.

 La cendre de son monument
Malgré les races ennemies,

Fait reuiure eternellement
Son merite & leurs infamies,
Les versflateurs & mesdisans
Trouuent tousiours des partisans:
Le pinceau d'vn faiseur de rimes,
S'il est adroit aux fictions,
Aux plus sinceres actions
Sçait donner la couleur des crimes.

Dieux que c'est vn contentement
Bien doux à la raison humaine,
Que d'exhaler si doucement
La douleur que nous fait la haine:
Vn brutal qu'on va poursuiuant
Dans des souspirs d'air & de vent,
Cherche vne honteuse allegance,
Mais la douleur des bons esprits
qui laisse des souspirs escrits
Guerit auecques la vengeance.

Auiourd'huy dans les durs soucis
Du mal-heur qui me bat sans cesse,
Si mes sens n'estoient adoucis
Par le respect de la Princesse:

I'escrirois auecques du fiel
Les aduersitez dont le Ciel
Souffre que les meschans me troublent,
Et quand mes maux m'acableroient,
Mes iniures redoubleroient
Comme leur cruautez redoublent.

 Peut estre les sanglants autheurs
De tant & de si longs outrages,
Ces infames persecuteurs
Verront mourir leurs vieilles rages,
Et si ma fortune à son tour
Permet que ie me venge vn iour:
N'ay-ie point vne ancre assez noire
Et dans ma plume assez de traicts,
Pour les peindre dans ces portraicts
Qui font horreur à la memoire?

 Mais icy mes vers glorieux
D'vn obiect plus beau que les Anges,
Laissent ce soing iniurieux
Pour s'occuper à des loüanges,
Puisque l'horreur de la prison
Nous laissent encor la raison,

Muses laissons passer l'orage
Donnons plustost nostre entretien,
A loüer qui nous fait du bien
Qu'à maudire qui nous outrage.

   Et mon esprit voluptueux
Souuent pardonne par foiblesse,
Et comme font les vertueux
Ne s'aigrit que quand on le blesse
Encore dans ces lieux d'horreur
Ie ne sçay qu'elle molle erreur,
Parmy tous ces obiects funebres
Me tire tousiours au plaisir,
Et mon œil qui suit mon desir
Void Chantilly dans ces tenebres.

   Au trauers de ma noire tour
Mon ame a des rayons qui percent,
Dans ce Parc que les yeux du iour
Si difficilement trauersent,
Mes sens en ont tout le tableau,
Ie sens les fleurs au bord de l'eau,
Ie prens le frais qui les humecte,
La Princesse s'y vient asseoir

Ie voy comme elle y va le soir
que le iour fuit & la respecte.
 Les oyseaux n'y font plus de bruit
Le seul Roy de leur harmonie,
qui touche vn lut en pleine nuit
Demeure en nostre compagnie;
Et laissant ces vieilles douleurs
Dans la lumiere & les chaleurs
Que la fuite du iour emporte,
Il concerte si sagement
Qu'il sembla que le iugement
Luy forme des airs de la sorte.

ODE IX.

MOy qui chante soir & matin
Dans le cabinet de l'Aurore,
Où ie voy ce riche butin
Qu'elle prend au riuage More,
L'or, les perles & les rubis
Dont ses flames & ses habits,
Ont iadis marqué la Cigalle,
Et tout ce superbe appareil
Qu'elle

Qu'elle defroboit au Soleil
Pour se faire aymer à Cephale.
 Ie vis vn iour enseuelis
Deuant la Reyne d'Amathonte,
Tous les œillets & tous les lis
Que la terre cachoit de honte,
Car ie chantay l'hymne du pris
Qui fit voir que deuant Cypris
Toute autre beauté comparee,
Si peu les siennes esgaloit,
Qu'vn enfant cogneust qu'il falloit
Luy donner la pomme doree.

 Tous les iours la Reine des bois
Deuant mes yeux passe & repasse,
Et souuent pour ouyr ma voix
Se destourne vn peu de la chasse,
Souuent qu'elle se va baigner
Où rien ne l'ose accompagner
Que ses Dryades vagabondes,
I'ay tout seul ceste priuauté
De voir l'esclat de sa beauté
Dans l'habit de l'air & de l'onde.

Mais i'attefte l'air & les Cieux
Dont ie tiens la voix & la vie,
Que mon iugement & mes yeux
Ayment mieux mille fois Siluie,
Vn de ses regards seulement
Qui partent si nonchalamment,
Donne à mes chansons tant d'amorce,
Et de si douces vanitez,
Que les autres diuinitez
N'en iouyssent plus que de force.

 Si mes airs cent fois recitez
Comme l'ambition me presse,
Mesle tant de diuersitez
Aux chansons que ie vous adresse,
C'est que ma voix cherche des traicts,
Pour vn chacun de vos attraits:
Mais c'est en vain qu'elle se picque
De satisfaire à tous mes vœux,
Car le moindre de vos cheueux
Peut tarir toute ma musique.

 Quand ma voix qui peut tout rauir
Reüssiroit à vous complaire,

Le soin que j'ay de vous seruir,
Tasche en vain de me satisfaire,
Ie croy que mes airs innocens
Au lieu d'auoir flaté vos sens,
Leur ont donné de la tristesse
Et que mes acceens enroüez
Au lieu de les auoir loüez:
Ont choqué leur delicatesse.

 Quand la nuict vous oste d'icy
Et que ses ombres coustumieres,
Laissent ce cabinet noircy
De l'absence de vos lumieres,
Aussitost i'oy que le Zephir
Me demande auec vn souspir
Ce que vous estes deuenuë:
Et l'eau me dit en murmurant
Que ie ne suis qu'vn ignorant
De vous auoir si peu tenuë.

 O Zephires! ô cheres eaux
Ne m'en imputez point l'iniure,
I'ay chanté tous les airs nouueaux
Que m'aprit autrefois Mercure:

L l ij

Mais que ma voix d'oresnauant
N'aproche ny ruisseau ny vent,
Que l'air ne porte plus mes aisles,
Si dans le printemps auenir
Ie n'ay dequoy l'entretenir
De dix mille chansons nouuelles.

 Ainsi finit ces tons charmeurs
L'oyseau dont le gosier mobile,
Soufle tousiours à nos humeurs
Dequoy faire mourir la bile,
Et bruslant apres son dessein
Il ramasse dedans son sein
Le doux charme des voix humaines,
La musique des instrumens
Et les paisibles roulemens
Du beau cristal de nos fontaines.

 Comme en la terre & par le Ciel
Des petites mouches errantes,
meslent pour composer leur miel
Mille matieres differentes,
Formant ses airs qui sont ses fruicts,
L'oyseau digere mille bruicts

En une seule melodie,
Et selon le temps de sa voix
Tous les ans le Parc une fois
Le reçoit & le congedie.

ODE X.

ROssignol c'est assez chanté
Ce Parc est desormais trop sombre,
Ie trouue Apollon rebuté
D'escrire si long temps à l'ombre,
Ces lieux si beaux & si diuers
Meritent chacun tous les vers
Que ie dois à tout le volume
Mais ie sens croistre mon subiect,
Et tousiours un plus grand obiect
Se vient presenter à ma plume.

Ie sçay qu'un seul rayon du iour
Meriteroit toute ma peine,
Et que ces estancs d'alentour
Pourroient bien engloutir ma veine,
Vne goute d'eau, une fleur,
Chaque fueille & chaque couleur

Dont Nature a marqué ces marbres,
Merite tout un liure à part
Aussi bien que chaque regard
Dont Siluie a touché ces arbres.

 Mais les Mirtes & les Lauriers
De tant de beautez de sa race,
Et de tant de fameux guerriers
Me demande desia leur place,
Saints Rameaux de Mars & d'Amour
En quel si reculé seiour,
Vous plaist-il que ie vous apporte?
C'est pour vous immortels ameaux
Que i'abandonne ces ormeaux
Et foule aux pieds leur fueille morte.

 Pour vous ie laisse aupres de moy
Vne loge auiourd'huy deserte,
Que iadis pour l'amour d'un Roy
Ces arbres ont ainsi couuerte
Sous ce toict loing des Courtisans
De qui les soupçons mesdisans
N'ont iamais appris à se taire,
Alcandre a mille fois gousté

Ce qu'vn Prince a de volupté
Quand il trouue vn lieu solitaire.
 Ie dirois les secrets moments
Des faueurs, des feintes malices,
Dont le caprice des Amants
Forme leur plainte & leur delices:
Mais si l'œil de Siluie vn iour
De ceste lecture d'Amour
Auoit surpris son innocence,
Ma prison me seroit trop peu,
Lors faudroit-il dresser le feu
Dont on veut punir ma licence.
 Suiuant le vertueux sentier
Où mon iuste dessein m'atire,
Ie laisse à gauche ce quartier
Pour le Faune & pour le Satyre;
Or quelque si pressant dessein
Qui m'enflame auiourd'huy le sein,
Quelque vanité qui m'appelle,
Ce seroit vn peché mortel
Si ie ne visitois l'Autel,
Estant si pres de la Chappelle.

Que ces arbres sont bien ornez,
Ie suis rauy quand ie contemple
Que ces promenoirs sont bornez
Des sacrez murs d'un petit Temple,
Icy loge le Roy des Roys,
C'est ce Dieu qui porta la Croix,
Et qui fit à ces bois funebres
Attacher ses pieds & ses mains
Pour deliurer tous les humains
Du feu qui vit dans les tenebres.

Son Esprit par tout se mouuant,
Fait tout viure & mourir au monde,
Il arreste & pousse le vent,
Et le flux & reflux de l'onde;
Il oste & donne le sommeil,
Il monstre & cache le Soleil,
Nostre force & nostre industrie
Sont de l'ouurage de ses mains,
Et c'est de luy que les humains
Tiennent race, & biens & patrie.

Il a fait le Tout du neant,
Tous les Anges luy font hommage,

Et

Et le Nain comme le Geant
Porte sa glorieuse Image,
Il fait au corps de l'Vniuers
Et le sexe & l'aage diuers;
Deuant luy c'est vne peinture
Que le Ciel & chaque Element,
Il peut d'vn trait d'œil seulement
Effacer toute la Nature.

 Tous les siecles luy sont presens,
Et sa grandeur non mesuree
Fait des minutes & des ans,
Mesme trace & mesme duree,
Son Esprit par tout espandu,
Iusqu'en nos ames descendu,
Voit naistre toutes nos pensees;
Mesme en dormant nos visions
N'ont iamais eu d'illusions
Qu'il n'ait auparauant tracees.

 Icy Muses à deux genoux,
Implorons sa diuine grace,
D'imprimer tousiours deuant nous
Les marques d'vne heureuse trace:
M m

C'est elle qui nous doit guider,
Depuis celuy qui vint fonder
La premiere Croix dans la France,
Iusqu'à sa Race qui promet
De la planter chez Mahomet,
Auec la pointe de sa lance.

    C'est où mon esprit enchaisné
Goustera par vn long estude
L'aise que prend mon cœur bien né
Quand il combat l'ingratitude,
Et si i'ay bien loüé les eaux,
Les ombres, les fleurs, les oyseaux,
Qui ne songent point à me plaire:
Lisis qui songe à mon ennuy
Verra sur sa race & sur luy
Ma recognoissance exemplaire.

    Il faudroit que ce denancier
Le plus vieux que ie veux produire,
Eust bien enroüillé son acier
Si ie ne le faisois reluire:
Mes les liures & les discours
Ont si bien conserué le cours

De ceste veritable gloire,
Que ie feray de mauuais vers,
Si vos tiltres les plus couuerts
Ne font esclat en la memoire.

LETTRE DE THEOPHILE A SON FRERE.

MOn frere mon dernier appuy,
Toy seul dont le secours me dure,
Et qui seul trouues auiour d'hy
Mon aduersité longue & dure,
Amy ferme ardant genereux
Que mon sort le plus mal-heureux,
Pique d'auanture à le suiure
Acheue de me secourir,
Il faudra qu'on me laisse viure
Apres m'auoir fait tant mourir.

 Quand les dangers ou Dieu m'a mis
Verront mon esperance morte,

Quand mes iuges & mes amis
T'auront tous refusé la porte,
Quand tu seras las de prier,
Quand tu seras las de crier,
Ayant bien balancé ma teste
Entre mon salut & ma mort,
Il faut enfin que la tempeste
m'ouure le sepulchre ou le port.

 Mais l'heure, qui la peut sçauoir!
Nos mal-heurs ont certaines courses,
Et des flots dont on ne peut voir
Ny les limites ny les sources,
Dieu seul cognoist ce changement:
Car l'esprit ny le iugement,
Dont nous a pourueus la Nature,
Quoy que l'on vueille presumer
N'entend non plus nostre aduanture,
Que le secret flux de la Mer.

 Ie sçay bien que tous les viuans,
Eussent-ils iuré ma ruyne,
N'ayderont point mes poursuiuans,
Malgré la volonté diuine,

Tous les efforts sans son adueu
Ne sçauroient m'oster vn cheueu,
Si le Ciel ne les authorise
Ils nous menassent seulement,
Eux ny nous de leur entreprise
Ne sçauons pas l'euenement.

 Cependant ie suis abbatu,
mon courage se laisse mordre,
Et d'heure en heure ma vertu
Laisse tous mes sens en desordre,
La raison auec ses discours,
Au lieu de me donner secours,
Est importune à ma foiblesse
Et les pointes de la douleur,
Mesme alors que rien ne me blesse
Me changent & voix & couleur.

 Mon sens noircy d'vn long effroy
Ne me plaist qu'en ce qui l'attriste,
Et le seul desespoir chez moy
Ne trouue rien qui luy resiste,
La nuict mon somme interrompu,
Tiré d'vn sang tout corrompu,

me met tant de frayeurs dans l'ame,
Que ie n'ose bouger mes bras,
De peur de trouuer de la flame
Et des serpens parmy mes dras.

 Au matin mon premier obiect,
C'est la cholere insatiable,
Et le long & cruel proiect
Dont m'attaquent les fils du Diable,
Et peut estre ces noirs Lutins
que la haine de mes destins
A trouué si prompts à me nuire,
Vaincus par des Demons meilleurs,
Perdent le soin de me destruire
Et souflent leur tempeste ailleurs.

 Peut-estre comme les voleurs
Sont quelquefois lassez de crimes,
Les ministres de mes mal heurs
Sont las de deschiffrer mes rimes:
quelque reste d'humanité
Voyant l'iniuste impunité
Dont on flatte la calomnie:
Peut estre leur bat dans le sein,

Et s'oppose à leur felonnie
Dans vn si barbare dessein.

Mais quand il faudroit que le Ciel
Meslat sa foudre à leur bruyne,
Et qu'ils auroient autant de fiel
Qu'il leur en faut pour ma ruyne,
Attendant ce fatal succez,
Pourquoy tant de fieureux accez
Me feront-ils paslir la face,
Et si souuent hors de propos
Auecques des sueurs de glace,
Me troubleront-ils le repos?

Quoy que l'implacable couroux
D'vne si puissante partie,
Fasse gronder trente verroux
Contre l'espoir de ma sortie,
Et que ton ardante amitié
Par tous les soins de la pitié
Que te peut fournir la Nature,
Te rende en vain si diligent
Et ne donne qu'à l'aduanture
Tes pas, tes cris, & ton argent.

I'espere toutesfois au Ciel
Il fit que ce troupeau farouche,
Tout Prest à deuorer Daniel,
Ne trouua ny griffe ny bouche,
C'est le mesme qui fit iadis
Descendre vn air de Paradis
Dans l'air bruslant de la fournaise
Où les Saincts parmy les chaleurs;
Ne sentirent non plus la braise
Que s'ils eussent foulé des fleurs.

 Mon Dieu, mon souuerain recours
Peut s'opposer à mes miseres,
Car ses bras ne sont pas plus courts
Qu'ils estoient au temps de nos peres,
Pour estre si prest à mourir
Dieu ne me peut pas moins guerir,
C'est des afflictions extremes
qu'il tire la prosperité
Comme les fortunes supremes,
Souuent le trouuent irrité.

 Tel de qui l'orgueilleux destin
Braue la misere & l'enuie

N'a peut estre plus qu'un matin,
N'y de volupté ny de vie,
La fortune qui n'a point d'yeux
Deuant tous les flambeaux des Cieux,
Nous peut porter dans une fosse,
Elle va haut, mais que sçait-on,
S'il fait plus seur dans sa Carrosse
Que dans celle de Phaëton.

 Le plus braue de tous les Rois
Dressant un appareil de guerre,
Qui deuoit imposer des loix
A tous les peuples de la terre,
Entre les bras de ses subiets
Asseuré de tous les obiets
Comme de ses meilleures gardes
Se vid frappé mortellement,
D'un coup à qui cent hallebardes
Prenoient garde inutilement.

 En quelle place des mortels
Ne peut le vent creuer la Terre,
En quel Palais & quels Autels
Ne se peut glisser le tonnerre?

       Nn

Quels vaisseaux, & quels matelots
Sont toufiours asseurez des flots,
Quelquefois des Villes entieres
Par vn horrible changement
Ont rencontrè leurs Cimetieres
En la place du fondement.

 Le sort qui va toufiours de nuit
Enyurè d'orgueil & de ioye,
Quoy qu'il soit sagement conduit
Garde mal-aysement sa voye,
Hà que les souuerains decrets
Ont toufiours demeurè secrets
A la subtilitè des hommes!
Dieu seul cognoist l'estat humain
Il sçait ce qu'auiourd'huy nous sommes,
Et ce que nous serons demain.

 Or selon l'ordinaire cours
Qu'il fait obseruer à Nature
L'Astre qui preside à mes iours
S'en va changer mon aduanture,
Mes yeux sont espuisez de pleurs
Mes esprits vsez de malheurs,

Viuent d'vn sang gelé de craintes,
La nuit trouue en fin la clarté
Et l'excez de tant de contraintes
Me presage ma liberté.

 Quelque lacs qui me soit rendu
Par de si subtils aduersaires,
Encore n'ay-ie point perdu
L'esperance de voir Bousseres;
Encor vn coup le Dieu du iour
Tout deuant moy fera sa Cour,
Es riues de nostre heritage,
Et ie verray ses cheueux blons
Du mesme or qui luit sur le Tage
Dorer l'argent de nos sablons.

 Ie verray ces bois verdissants
Où nos Isles & l'herbe fraische
Seruent aux troupeaux mugissants
Et de promenoir & de Creche;
L'Aurore y trouue à son retour
L'herbe qu'ils ont mangé le iour;
Ie verray l'eau qui les abreuue
Et i'orray plaindre les grauiers,

     Nn ij

Et repartir l'escho du fleuue
Aux iniures des mariniers.
 Le pescheur en se morfondant
Passe la nuit dans ce riuage,
Qu'il croist estre plus abondant
Que les bords de la mer sauuage,
Il vend si peu ce qu'il a pris
Qu'vn teston est souuent le prix,
Dont il laisse vuider sa nasse,
Et la quantité du poisson
Deschire par fois la tirasse
Et n'en paye pas la façon
 S'il plaist à la bonté des Cieux
Encore vne fois à ma vie
Ie paistray ma dent & mes yeux
Du rouge esclat de la Pauie,
Encore ce brignon muscat
Dont le pourpre est plus delicat
Que le teint vny de Caliste
Me fera d'vn œil mesnager
Estudier dessus la piste
Qui me l'est venu rauager.

Ie cueilliray ces Abricots,
Les fraises à couleur de flames,
Ou nos Bergers font des escots,
Qui seroient icy bons aux Dames,
Et ces figues & ces Melons,
Dont la bouche des Aquilons
N'a iamais sceu baiser l'escorce,
Et ces iaunes muscats si chers,
Que iamais la gresle ne force
Dans l'asyle de nos Rochers.

 Ie verray sur nos grenardiers
Leur rouge pommes entreouuertes,
Où le Ciel comme à ses lauriers
Garde tousiours des fueilles vertes;
Ie verray ce touffu Iasmin
Qui fait ombre à tout le chemin
D'vne assez spacieuse allee,
Et la parfume d'vne fleur
Qui conserue dans la gelee
Son odorat & sa couleur.

 Ie reuerray fleurir nos prez,
Ie leur verray couper les herbes,

Ie verray quelque temps apres
Le paysan couché sur les gerbes,
Et comme ce climat diuin
Nous est tres liberal de vin,
Apres auoir remply la grange,
Ie verray du matin au soir
Comme les flots de la vendange
Escumeront dans le pressoir.

 Là d'un esprit laborieux
L'infatigable Bellegarde
De la voix, des mains & des yeux
A tout le reuenu grend garde,
Il cognoist d'un exacte soin
Ce que les prez rendent de foin,
Ce que nos troupeaux ont de leines,
Et sçait mieux que les vieux paysans
Ce que la montaigne & la plaine
Nous peuuent donner tous les ans.

 Nous cueillirons tout à moitié
Comme nous auons fait encore,
Ignorants de l'inimitié,
Dont une race se deuore

Et freres & sœurs, & neueux,
De mesmes soin, de mesmes vœux,
Flatant vne si douce terre,
Nous y trouuerons trop dequoy
Y d'eut l'orage de la guerre
R'amener le Canon du Roy.

　Si ie passois dans ce loisir
Encore autant que i'ay de vie,
Le comble d'vn si cher plaisir,
Borneroit toute mon enuie;
Il faut qu'vn iour ma liberté
Se lasche en ceste volupté;
Ie n'ay plus de regret au Louure,
Ayant vescu dans ces douceurs,
Que la mesme terre me couure
Qui couure mes predecesseurs.

　Ce sont les droits que mon pays
A meritez de ma naissance,
Et mon sort les auroit trahis
Si la mort m'arriuoit en France;
Non, non quelque cruel complot,
Qui de la Garonne & du Lot,

Vueille esloigner ma sepulture
Ie ne dois point en autre lieu
Rendre mon corps à la Nature,
Ny Resigner mon ame à Dieu.

  L'esperance ne confond point
Mes maux ont trop de vehemence,
Mes trauaux sont au dernier point,
Il faut que mon propos commence;
Qu'elle vengeance n'a point pris
Le plus fier de tous ces esprits
Qui s'irritent de ma constance,
Ils m'ont veu laschement soubmis
Contrefaire une repentance
De ce que ie n'ay point commis.

  Hâ! que les cris d'un innocent,
Quelques longs maux qui les exercent
Trouuent mal-aysement l'accent,
Dont ces ames de fer se percent,
Leur rage dure un an sur moy
Sans trouuer ny raison ny loy,
Qui l'appaise ou qui luy resiste,
Le plus iuste & le plus Chrestien

Croit

Croit que sa charité m'assiste
Si sa haine ne me fait rien.

 L'enorme suite de malheurs!
Dois-ie donc aux race meurtrieres,
Tant de sieures & tant de pleurs,
Tant de respects, tant de prieres,
Pour passer mes nuicts sans sommeil,
Sans feu, sans air, & sans Soleil,
Et pour mordre icy les murailles:
N'ay-ie encore souffert qu'en vain,
Me dois-ie arracher les entrailles
Pour souler leur derniere faim?

 Pariures infracteurs des loix,
Corrupteurs des plus belles ames,
Effroyables meurtriers des Rois,
Ouuriers de cousteaux & de flames,
Pasles Prophetes de tombeaux,
Fantosmes, Lougaroux, Corbeaux,
Horrible & venimeuse engeance
Malgré vous race des enfers,
A la fin i'auray la vengeance
De l'iniuste affront de mes fers.

      O o

De rechef mon dernier appuy,
Toy seul dont le secours me dure,
Et qui seul trouues auiourd'huy
Mon aduersité longue & dure,
Rare frere, amy genereux,
Que mon sort le plus malheureux
Pique d'auantage à le suiure,
Acheue de me secourir,
Il faudra qu'on me laisse viure
Apres m'auoir fait tant mourir.

F I N.

www.ingramcontent.com/pod-product-compliance
Lightning Source LLC
Chambersburg PA
CBHW070747170426
43200CB00007B/682